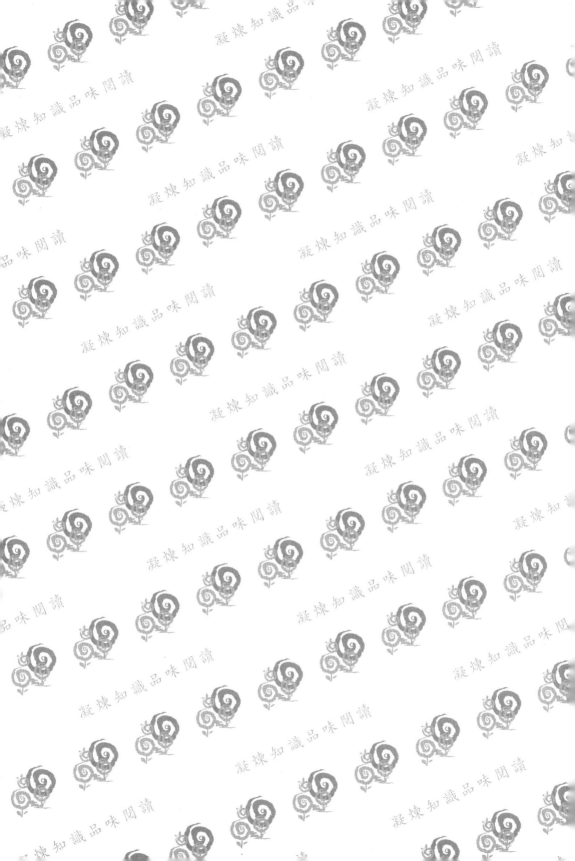

創新創意與創業

陳裕禎 蔡奇睿 陳妍竹 著

五南圖書出版公司 印行

Preface

　　不論在任何一個領域，於教學、於產業都是不斷追求進步，而進步來自於創意與創新，有了新穎的創意才能創新，能創新才能為產業帶來進步與持續的動力。我們位於科技產業密集、聚集的區域，科技產業需要不斷創新來增加科技產品的競爭力，然而並非只有科技產業需要不斷的創新與創意來求生存，商品也需要各種創意設計與創新來提升競爭力。開發出來的創意與創新，還需要創新、創意的行銷與傳播方式，為商品廣為宣傳與傳播至消費者與使用者的手上，以達到創造商機的目的。在這些過程當中所產生的知識與技能，則是需要透過專利來保護自身產業的技術。因此本書從四個章節介紹不同的專業領域、知識、技能和專利，一起整合成相關的學理和知識。

　　本書從理論帶入，在創新、創意、創業、創商等領域探討與論述，創新是所有產業都需要的議題與方向；創意需要有設計思考與傳播的能力與知識；創業需要有管理與專利的知識與能力；創商需要有行銷與創新的創意。因此本書從相關的理論與論述導論開始，接著將各個領域整合，涵蓋設計、文創、傳播、行銷、專利、管理等範圍，透過本書的整理、整合，使讀者能夠跨領域作全方位的理解與閱讀，期盼為讀者引入一個新的跨領域知識建構。

　　本書為讀者整理成四個架構，以創新為前述介紹，創意為導入，創業為目標，最後是創商為商機之再造。每個章節區分為各個專業知識的介紹，再引導至該領域的專利案例與知識，有所連貫的方式串聯各個領域的專業技能與知識，適合各種課程，可作

可作為創新與創業、創新與創意、創意設計、創意思考、創意潛能開發等相關課程的參考書籍。以此為本書的理念與初衷，祈能為讀者帶來新的見解和激發各種創意與潛能。

陳裕禎　蔡奇睿　陳妍竹
2023年5月31日

Contents

Chapter **1**

創新

創新不僅需要創意更需要有想像力，想像力就是讓許多的想法概念在腦中去激發，透過聯想將不同概念或不同元素連結之後產生新的想法。例如早期沒有智慧手機的年代，將行動化隨時可移動的概念和播放收音機結合，創造出隨身聽的攜帶型袖珍播放機，從現在來看，這個產品顯得非常落伍與傳統舊式，但這個概念一直演變創新，直到現在，智慧手機擁有多項功能並能隨時聆聽音樂，智慧手機也是一種將電腦與行動化隨時可移動的兩種概念結合一起，創造出這麼方便、人手一機的產品，可見創新是一件非常重要的事情。對於企業，不斷創新是必須的、持續的進行式，就如智慧手機的攝影鏡頭取代了傳統底片的照相機，雖然相機還存在，卻已經對柯達底片相機造成重大衝擊而影響獲利。

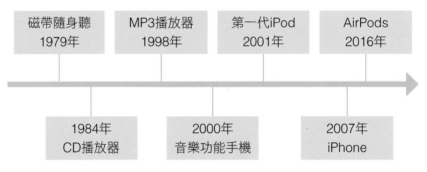

圖1　隨身聽的演變

　　從人類進化史與生存條件而言，創新是一條不斷進化向未來挑戰的能力，電動車與低軌道衛星都是不斷創新之後的成果，而且還在持續進化中。所以，國家也會鼓勵民間從事新創事業來增加競爭力，例如下圖就是近期的新創產業，有所謂的天使投資人來協助國內新創產業的發展。

養殖產業水質監測　　　　家具原創品牌　　　　原創品牌

圖2　國內新創產業

　　創新的定義可以先從創造力與想像力來了解與論述，再來則是從創新產生之後的智慧專利權與創新的角度來探討，以下我們先從創造力來進行初步的理解。

一、創造力

(一) 何謂創造力

　　所謂創造力，是人類與生俱來或是自然演化而來的一種獨特能力，使人類可以不斷演變進化來適應與克服天生上身體的限制，因此我們可以說，這是人類重大進步生存的要點。使人類可以從過去的經驗或是舊有的、原有的知識與技能，根據這些技術更進化和演變產生出來新的概念或是新的成果。

　　想了解創造力和發現，可以從考慮的意圖來探討。Albert（1992）認為創造行為的定義，所需要的不是靠成敗來決定，而是應該就它的意圖而定。Albert（1990）認為個人特有的認知和對世界的觀點，是創造力行為的最佳極致表現，個人化的知識也是創造力和產生卓越成就的主要成分與動力。

也有學者認為有些創造是一種意外發現與機會，例如1665～1667年間，牛頓在思考引力問題時候。一天傍晚，坐在蘋果樹下，結果一個蘋果從樹上掉了下來，使他突然想到，為什麼蘋果只會向地面掉落，而不是向天上飛去呢？這可說是一種意外之外而產生的機會與發現，但是如果對於一般人而言，那麼這個機會不會有意外的發現。另外，許多藥物的研發也常常是意外之外而產生的發現，這是一種機會讓人類在不斷嘗試之中，看見一道曙光。

所以創造力是一種思考的歷程與過程，創造力是解決問題的能力及心理歷程，這歷程包括以下能力（Parnes，1967）：

1. 發現事實（Fact Finding）：具有發現事實的現況能力。

2. 發現問題（Problem Finding）：能夠發現問題在哪裡。

3. 發現構想（Idea Finding）：能夠針對問題找出構想。

4. 發現解決方案（Solution Finding）：對發現的問題找出解決方案與辦法。

5. 接受所發現的解決方案（Acceptance Finding）：最後接受所發現的解決方案並執行。

圖3 創造力的歷程與能力

那麼創造力是非理性還是理性呢？意圖對於創造力就很重要了，意圖雖然無法完全解釋創造力，但意圖是反應了創造力產生過程中複雜現象的一部分。Simonton（2006）認為許多研究創造力的心理學家把創造力一分為二，不是理性就是非理性。Simonton說明第一種的理性觀點，是把創造力純粹視為一種問題解決的技巧，此種觀點包含了那些以知識或專家論點來詮釋創造力的理論。創造力是理性的觀點，與原創頓悟反映了既存知識的這種想法有所連結。它們並非有太多新意，而是訊息產生歷程的結果。Simonton（2006）認為大部分的新想法都是之前想法的全部或部分重組的結果。另一種看法則強調潛意識在創造力所扮演的重要角色，因此認為創造力是非理性的。這也同時將創造力視為不可預期、不可解釋、混沌的、非線性的、發散的。

　　情緒創造力設定有三個標準，如下圖：

圖4　情緒創造力的三個標準

原創的行為是新奇的，而「新奇的情緒反應則是個人在日常生活中整體反應的一種成形，或是顯著不同於傳統的行為方式」，有效性則可以就個人自己或他人來加以界定。「某種反應」可能對多數人有益，但對個人有害（例如英雄主義的行為）；相反地，也可能有一種反應是短期有害卻長期有利（例如發動戰爭）。

　　真實性則受到創造力和自我實現研究者的肯定。一個真實的行動反映出個人真實的自我，而不是模仿，它必然與個人的價值觀一致。對創造思考而言，理性是存在的，即使它是非傳統的。

　　也有一些學者認為創造力是具有領域特定的關係，例如一個人在某個語言領域具有創造力，但他不見得在另一個繪畫領域也具有創造力。人們經由創造力創造出來的有形、無形產物，可能具有劃時代的創新性，並且在社會被廣泛的肯定，如果是這種創造可以把它叫做「大C」，然而在平常人的日常生活或工作當中，也會有突然產出一些獨特的問題解決方式，或獨特的作品。例如一張特別與以往不同設計的卡片，這種創造叫做「小C」，「小C」的產出雖然未必一定會累積、發展成「大C」，但許多的「大C」卻是由「小C」不斷累積並由許多人或後人持續發展而成，我們可以從下圖來看待這個關係與過程，並了解創造力並非是一蹴而成，創造是不斷的持續演變與進步，一個人的發現可以成為他人或另外一種創造的養分與構想來源。

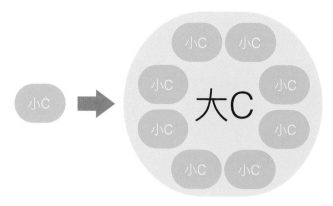

圖5　大創與小創

(二) 創造力的產生與來源

　　學者Wallas（1926）提出創造的過程是經過四個階段的步驟，從問題的收集，經過嘗試、思考，之後再到解決問題和驗證的過程。

圖6　創造力產出的四個步驟

1. 準備期：創造者在收集與發現問題階段之所具備的相關知識和技能。
2. 醞釀期：當問題在一時之間還無法被解決時，可能放置一段時間。當解決者面對遭遇的問題，進行各種嘗試以及經過一段醞釀解決問題的時間，直到出現可解決的方案或是出現新概念。

3. 頓悟期：在經過醞釀期的嘗試，對於待解決問題有所頓悟，產生可以解決的方案或是新的概念與方法。

4. 確認期：在頓悟期之後得到的方法或是解決方案，對其進行發展與測試檢驗可行性，確定此方案符合原先的問題方向和需求。

(三) 創造力的五個指標

敏覺力　流暢力　變通力　獨創力　精密力

圖7　創造力的五個指標

1. 敏覺力：發現問題
   (1) 是指一個人能夠敏於覺察事物，有發現缺漏、異樣及未完成或某種需求的能力。
   (2) 對問題或事務的敏感能力。

2. 流暢力：想出解決方法
   (1) 能夠發想出很多可能性答案的能力。
   (2) 點子的想法源源不斷。

3. 變通力：彈性應變
   擴大思考的類別與變通，突破思考限制的能力。

4. 獨創力：找出差異性
   (1) 能夠想出與眾不同、新穎、獨創、獨特的能力。
   (2) 能夠想出不尋常或特別的答案。

5. 精密力：思慮縝密

在原來的構想中，還能夠增加新觀念和組成相關概念群的能力。

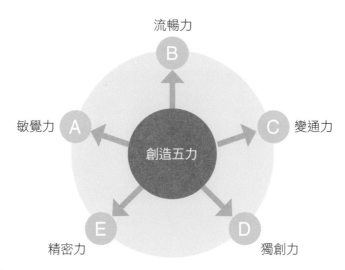

圖8 **創造的五種能力**

二、創造力四大特質

圖9 **創造力的四大特質**

1. 想像力：指善用直覺推測，並且能夠在腦中構思出各種意象，超越感官及現實的能力，將想像發揮，使創造、創意的構思具體化。
2. 挑戰心：從混亂當中理出頭緒，在混亂或複雜不明的情境中，尋找各種發展的可能性，從中找出問題的頭緒與核心。
3. 好奇心：面對問題保持好奇及追根究柢，對事物抱持探索的心態，從探索中把握其特徵以求了解其結果。
4. 冒險心：是指對於欲探索事務之過程，所面臨的失敗及批評情境時，還能持續保持探索心態，再接再厲，以應付未知的情況。

　　這四大特質可以為人們的所需發揮無限的產值與創造，例如為日常生活增添新創意，將舊衣架改造創造新功能；將舊衣服改造創造成另一個使用物品；在缺水的環境中創造可以產出水的設備等等。

三、想像力與創新

　　想像力涵蓋的範圍比創造力更廣泛，當人們需要新的事物時，多會用過去的知識和經驗來加以改造而形成，想像力是將不同概念加以互相連結，來發現當中可能的關係是否有新的連結可能性。例如愛迪生能夠不斷的創新，是因為懂得巧妙重組各種現有的各項技能，再從中產生新的組合。許多有價值的突破創新產品，可能是來自於某個產業已執行的構想和概念或原理，而將它移植到另一個不同產業時，有可能可以重組式的創新，進而創造出突破性的創新產品。

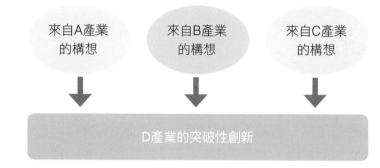

圖10 重組式的創新

四、創意與創新

　　創意的產生需要想像力，創意是想像力發揮的起點，創新則是想像力發揮的成果與結果。透過提出特別的點子與創意，將創意執行，創新是來自於創意，創意則是構成創新的成分。

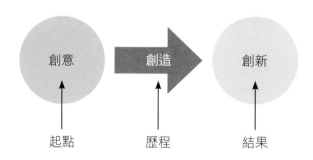

圖11 創意與創新

　　再來我們可以從智慧財產的角度來看待和創新相關的論點。

五、智慧財產與創新

(一) 創新（Innovation）的定義

1. 創新的定義可以是創造新事物，或是以既有的思維模式推出有別於常規或常人思路的見解為引導，利用現有的知識和物質，在特定的環境中，本著理想化需要或為滿足社會需求，去改進或建立新的事物、方法、路徑、元素、環境，並能獲得一定有益成效的行為。

2. 創新也可指人類為了滿足本身需要，發展對客觀世界及其本身的認識與行為的過程和結果的活動。或具體講，創新是指人為了特定目的，遵循事物發展的規律，對事物的整體或其中的某些部分進行改變，從而使其得以革新與發展的活動。創新，顧名思義，創造新的事物。《廣雅》：創，始也；新，與舊相對。創新一詞出現很早，如《周書》中有「創新改舊」；《魏書》中有「革弊創新」。和創新含義相似的辭彙有維新、鼎新等，如咸與維新、革故鼎新、除舊布新、苟日新、日日新、又日新。

3. 創新也是指人們為了發展，使用已知的訊息和條件，打破常規，發現或產生某種新奇、獨特、有益的新事物、新觀念的活動，創新的本質是突破慣性思維和常規。創新活動的核心是「新」，它或者是產品的結構、性能和外部特徵的改變；或者是內容的表現形式和手段、造形設計的創造；或者是內容的豐富和完善。

　　上述的創新定義都一再重複，本書中接續提到的創新是指推陳出新的創新。

(二) 推陳出新的創新

從教育部字典「推陳出新」的典故來看：

> 「推陳出新」原作「推陳致新」。宋代費袞《梁谿漫志》論及對同朝張文潛〈粥記〉一文「勸人每日食粥以為養生之要」的看法。起初，他認為這個主張很可笑，但是在看過《史記‧卷一〇五‧扁鵲倉公列傳》的記載：陽虛侯的宰相趙章生病，名醫太倉公淳于意診斷五天後就會死，可是到第十天才死，這是因為趙章平日喜愛吃粥的緣故。又看到蘇軾的書帖上寫：「夜裡肚子餓，吳子野勸我吃白粥，說是可以促進體內新陳代謝，有利於橫膈和調養胃。」才相信張文潛的言論。後來「推陳出新」這句成語就從這裡演變而出，用來比喻排除老舊的，創造出嶄新的事物或方法。《明史‧卷一六四‧范濟列傳》云：范濟奏請宣宗改革幣制，發行新紙鈔，即用「推陳出新」一語，表達除舊更新的意思。

上述的典故主要表達了將先前或是傳統的技術、服務或是產品（推陳或是除舊）進行再改良（出新或是更新）的概念，在本書中將接續教導如何先找到先前（傳統）的技術（服務、產品）、如何根據找到先前（傳統）的技術（服務、產品）進行推陳或是除舊、如何在推陳或是除舊過程中再出新或是更新改良。

舉例來說：

將目前的滑鼠（小陳）進行改良，於滑鼠上增加一加熱功能（小新），如下圖。

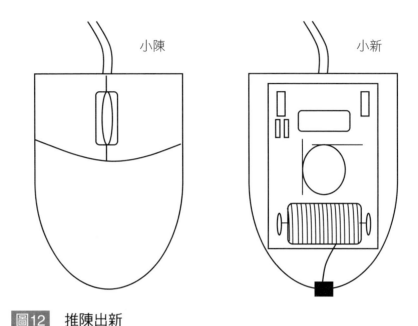

小陳　　　　　　　　小新

圖12　推陳出新

　　專利檢索：

　　如何找到先前（傳統）技術（服務、產品）的方法有很多，
包含利用教科書學習、網路瀏覽、學術期刊等等，但在本書中仍
較推薦利用專利檢索（Patent Search）來確認先前或是傳統的技
術（服務、產品）是否已被「真實提出」（但是有可能真實不存
在）。理由很簡單，各國的專利申請都是書面審查（技術、產
品、服務），有可能還在研發階段（有可能研發失敗），但是
專利已經核准公告（Issued）或是專利正在申請中，從申請日期
（或是主張國際優先權申請日期）起算已超過18個月而必須公開
（Published）！

舉例來說：

美國蘋果公司正在研發的產品（隱私眼鏡）仍未上市時，其實美國專利已經在申請中了：美國專利Systems and Methods for Switching Vision Correction Graphical Outputs on a Display of an Electronic Device（US Patent 20210350769）的專利，其目的在於美國蘋果公司正在研發隱私眼鏡可以防止陌生人偷看你的手機螢幕。

目前專利檢索的工具很多，本書在這裡建議可利用經濟部智慧財產局提供免費專利的地圖統計工具協助檢索。

舉例來說：

以「疫苗」為關鍵字，來確認相關專利權人、專利權技術領域範圍（以國際專利分類號IPC）以及在中華民國智慧財產局申請中華民國專利的國別。

圖13 關鍵字「疫苗」搜尋2010年1月1日～2022年9月30日中華民國專利

圖片來源：中華民國專利資訊檢索系統，2022 年 10 月 4 日查詢，https://twpat1.tipo.gov.tw。

附表：上市 COVID-19 疫苗之相關專利資訊(2022 年 4 月更新)

已上市 COVID-19 疫苗	國外發明專利案/公開案 (我國對應案)	申請日 (我國對應案申請日)	專利狀態	重點技術	發明名稱
BNT162b2	US 2020/0246267 (TW201927288)	2018/10/18 (2018/10/18)	PENDING (審查中)	Lipids/NP + mRNA (脂質/奈米粒子+信使核苷酸)	Preparation and Storage of Liposomal RNA Formulations Suitable for Therapy (適用於治療之微脂體RNA配製物的製備及儲存)
	US 10576146 (無)	2018/3/15	ACTIVE	Lipids/NP + mRNA	Particles Comprising a Shell with RNA
	US 10485884 (無)	2013/3/25	ACTIVE	Lipids/NP + mRNA	RNA Formulation for Immunotherapy
	US 9950065 (無)	2013/9/26	ACTIVE	Lipids/NP + mRNA	Particles Comprising a Shell with RNA
	US 2020/0155671 (無)	2020/1/22	PENDING	Lipids/NP + mRNA	Particles Comprising a Shell with RNA
	US 2020/0197508 (無)	2018/3/21	PENDING	RNA immune response (RNA 免疫反應)	Methods and Compositions for Stimulating Immune Response
	US 10808242 (無)	2016/8/24	ACTIVE	RNA immunogenicity	Method for Reducing Immunogenicity of RNA
	US 2019/0321458 (無)	2017/7/14	PENDING	PC: Lipids/NP + mRNA	Formulation for Administration of RNA
	US 11045418 (無)	2016/3/30	ACTIVE	Lipids/NP + mRNA	Lipid Particle Formulations for Delivery of RNA and Water-Soluble Therapeutically Effective Compounds to a Target Cell
	US 11173120 (無)	2015/09/17	ACTIVE	Lipids/NP + mRNA	Stable Formulations of Lipids and Liposomes
	US 2014/0030808 (無)	2011/12/2	ABANDONED	RNA expression (RNA 表現)	Method for Cellular RNA Expression

圖14　已上市之COVID-19疫苗之相關專利資訊

圖片來源：經濟部智慧財產局首頁／便民服務／COVID-19 智財新訊，發布日期：2021 年 11 月 16 日、更新日期：2022 年 11 月 18 日，https://www.tipo.gov.tw/tw/cp-853-888241-0d50d-1.html。

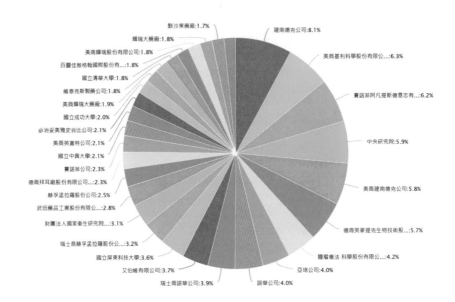

默沙東藥廠:1.7%
輝瑞大藥廠:1.8%
美商輝瑞股份有限公司:1.8%
百靈佳殷格翰國際股份有...:1.8%
國立清華大學:1.8%
維泰克斯製藥公司:1.8%
美商輝瑞大藥廠:1.9%
國立成功大學:2.0%
必治妥美雅史谷比公司:2.1%
美商英塞特公司:2.1%
國立中興大學:2.1%
賽諾菲公司:2.3%
德商拜耳廠股份有限公司...:2.3%
赫孚孟拉羅股份公司:2.5%
武田藥品工業股份有限公...:2.8%
財團法人國家衛生研究院...:3.1%
瑞士商赫孚孟拉羅股份公...:3.2%
國立屏東科技大學:3.6%
艾伯維有限公司:3.7%
瑞士商諾華公司:3.9%
諾華公司:4.0%

建南德克公司:8.1%
美商基利科學股份有限公...:6.3%
賽諾菲阿凡提斯德志有...:6.2%
中央研究院:5.9%
美商建南德克公司:5.8%
德商英榮提克生物技術股...:5.7%
腫瘤療法 科學股份有限公...:4.2%
亞培公司:4.0%

圖15 關鍵字「疫苗」2021年1月1日～2022年9月30日前30項之第一申請人

圖片來源：中華民國專利資訊檢索系統，2022 年 10 月 5 日查詢，https://twpat1.tipo.gov.tw。

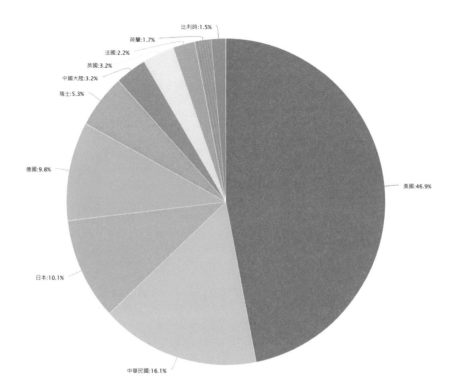

圖16 關鍵字「疫苗」2021年1月1日～2022年9月30日前10
項之國別

圖片來源：中華民國專利資訊檢索系統，2022 年 10 月 5 日查詢，https://twpat1.
tipo.gov.tw。

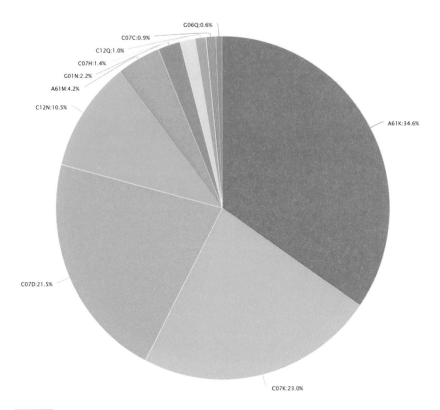

G06Q:0.6%
C07C:0.9%
C12Q:1.0%
C07H:1.4%
G01N:2.2%
A61M:4.2%
C12N:10.5%
A61K:34.6%
C07D:21.5%
C07K:23.0%

圖17 關鍵字「疫苗」2021年1月1日～2022年9月30日前10項之第一IPC

圖片來源：中華民國專利資訊檢索系統，2022 年 10 月 5 日查詢，https://twpat1.tipo.gov.tw。

　　上述的IPC（國際專利分類號）可以得知這些專利保護的技術領域，例如：

　　A61K醫用、牙科用或梳妝用之配製品（製成特殊物理形態者見A61J；空氣除臭、消毒、滅菌，或者繃帶、敷料、吸收墊或外科用品之化學方面或材料之使用見A61L；化合物本身見C01、C07、C08、C12N；肥皂主目合物見C11D；微生物本身見

C12N）。

C07K：肽類（肽類食品見A23，例如用於食品之蛋白質組合物之獲得見A23J；用於醫療目的之調製物見A61K；包含 β-內醯胺之肽類見C07D；於分子內除形成本身的肽環外不含有任何其它的肽鏈之環狀二肽，例如呱糕-2，5-二酮見C07D；環肽型麥角生物鹼見C07D519/02；於分子內具有統計分布的胺基酸單元之高分子化合物，即於製取時，胺基酸單元無特定的排列順序，而為無規則的排列順序者，由氨基酸衍生的均聚胺及嵌段聚醯胺見C08G69/00；由蛋白質衍生高分子產品見C08H1/00；黏膠劑或明膠之製備見C09H；單細胞蛋）。

C07D：雜環化合物。

C12N：微生物或酶；其組合物；繁殖、保存或維持微生物；變異或遺傳工程；培養基（微生物學之試驗介質）。

1. 專利迴避

在創新過程中，利用專利檢索最常找到相同或是近似的創新概念，如何根據所找到的這些先前（傳統）技術（服務、產品）來進行推陳或是出新，這是一個可大可小的商業及法律問題。

簡單來說，創新的概念若是與其他人相同或是近似，就會涉及是否觸犯各國的專利法。而如何進行專利迴避設計，進而避免侵害他人專利，所有創新技術（服務、產品）都必須在研發前或是進行任何商業行為時，包含技術（服務、產品）上市前就應該確認的。

舉例來說：

以美國蘋果公司隱私眼鏡的美國公開專利（Published）來看，該項美國專利主張的權利範圍，如下：

原文	A method of controlling a vision-correcting operation of a portable electronic device, the method comprising： scanning at least a portion of a face of a user using a sensor; generating a depth map using the scan conducted using the sensor; determining a similarity score between the depth map and one or more biometric identity maps of a set of stored biometric identity maps that are associated with a registered user; in response to the similarity score exceeding a threshold, authenticating the user as the registered user; determining a corrective eyewear scenario using the depth map; selecting a display profile that is associated with the corrective eyewear scenario and the registered user; and generating a graphical output in accordance with the selected display profile.
翻譯	一種控制便攜式電子設備的視力矯正操作的方法，該方法包括：使用傳感器掃描用戶面部的至少一部分；以及使用傳感器進行的掃描生成深度圖；確定深度圖和與註冊用戶相關聯的一組存儲的生物特徵圖的一個或多個生物特徵圖之間的相似性分數；響應相似度得分超過閾值，將用戶認證為註冊用戶；使用深度圖確定矯正眼鏡場景；選擇與矯正眼鏡場景和註冊用戶相關聯的顯示設定檔；並根據選定的顯示設定檔生成圖形輸出。

　　但此美國專利真正的權利範圍還是要以美國專利商標局（USPTO）最後核准（Issued）的範圍來看。

　　若是針對隱私眼鏡的創新概念迴避時，必須同時確認自己即將或未來研發（上市的技術、服務、產品）的是否包含：

(1) 有無「視力矯正」（vision-correcting operation）功能？

(2) 有無「傳感器掃描用戶面部」（scanning a face of a user

using a sensor）功能？

(3) 有無「生成深度圖」（generating a depth map）功能？

(4) 有無「深度圖和與註冊用戶存儲的生物特徵圖進行相似性分數」比對（determining a similarity score）功能？

(5) 有無「相似度得分超過閾值」（the similarity score exceeding a threshold）功能？

(6) 若有上述功能，有無接續「將用戶認證為註冊用戶」（authenticating the user as the registered user）功能？

(7) 有無「使用深度圖確定矯正眼鏡場景」（corrective eyewear scenario using the depth map）功能？

(8) 有無「選擇相關聯的顯示設定檔」（selecting a display profile associated）功能？

(9) 若有上述功能，上述關聯是否涉及「矯正眼鏡場景和註冊用戶」（associated with the corrective eyewear scenario and the registered user）功能？

(10) 有無「選定的顯示設定檔生成圖形輸出」（generating a graphical output in accordance with the selected display profile）功能？

上述的確認方法，若於10個步驟中，每個步驟給分數（有此功能給予1分，無此功能給予0分），而當您的創新概念是10分，那麼您的創新已全然落入專利侵權（字義上的全要件或全面覆蓋原則）的可能性，此時，如何修正您的創新，包含有以下參考方法：

(1) 減少上述步驟，比方說您的創新僅有9個步驟（您的創新概念低於10分），但是仍有處於專利侵權的可能（落入簡單變

化，簡單置換的均等論或等同等專利侵權原則）。

(2) 從「功能」上改變上述步驟，但仍然要避免落入「類似或近似功能」簡單變化，簡單置換的均等論或等同等專利侵權原則。

(3) 從「手段」上改變上述步驟，但落入「類似或近似手段」簡單變化，簡單置換的均等論或等同等專利侵權原則。

(4) 從「效果」上改變上述步驟，要確認真實或實質改變了原本的效果，這裡的效果可以是任何自然法則的強化。

2. 專利再布局

創新的概念通常來自於學習，尤其以本書所提及的方法「推陳出新」，包含有：

(1) 利用各國開放的專利資料庫來進行專利檢索（學習先前技藝或技術；Prior Art）。

(2) 確認是否在專利資料庫已存在相同或近似您的創新概念。

(3) 接續要確認是否落入專利侵權疑慮（包含字義上及實質功能、手段、效果上）。

(4) 若是您的創新概念已在各國專利資料庫存在相同或近似的專利，就要進行專利迴避。

(5) 若是您的創新概念已然確認專利迴避，恭喜您，您可以開始進行您的創新概念的實施（包含商品化），同時您也可以在其他人的專利布局上，進行專利再布局。

但在這裡要提醒一個很多人常誤解的概念：

(1) 創新概念進行專利迴避後，再進行的專利布局申請，此時的創新概念是可以開始進行創新概念的商品化（因為該創新已

經確認無侵害他人專利的疑慮）。

(2) 創新概念是在他人專利上進行改良或是再發明後，再進行專利布局申請，此時創新的概念是可以進行專利布局申請，但是無法進行商品化或是僅能針對該項改良部分進行商品化。

舉例來說：

甲公司申請了椅子的專利，其專利範圍如下所述；

一種椅子，包含：

一坐板；以及至少三個椅腳，連接該坐板之底部。

從上述您所申請的專利範圍來看，似乎任何人只要做了一種椅子包含一坐板及椅腳，即侵犯您的專利，甲公司的專利似乎獨占了椅子的市場，其實不然。

假設乙公司在甲公司申請專利之後也申請了一個有椅背的椅子專利，其專利範圍如下所述：

一種椅子，包含：

一坐板；一椅背，連接該坐板之一邊緣；

以及至少三個椅腳，連接該坐板之底部。

這表示，乙公司在甲公司的專利範圍中，增加了一項椅背的改良，亦即在乙公司的專利範圍中，甲公司所製造、販賣、使用、進口的椅子是不能有椅背的，否則甲公司的椅子即侵害乙公司的專利權。所以，甲公司所申請專利因為乙公司的改良且進行專利布局，此時甲公司已被排除乙公司在椅子上製造、販賣、使用或進口椅背。當然，甲公司也可以一直製造、販賣、使用或是進口沒有椅背的椅子。不過，在市場上，有椅背的椅子還是會比較受歡迎。

同樣的，乙公司若想製造、販賣、使用、進口無論是有椅背或是沒有椅背的椅子，也仍然是不被允許的，因為椅子的坐板及椅腳的組成乃是甲公司的專利範圍。

　　因此，從上述的例子來看，任何的專利是不可能一直擁有市場的獨占權，如椅子的發明；一項技術的改良，如椅背的發明，都可以使甲公司的創新概念的專利範圍變得更小，如排除您製造、販賣、使用或是進口有椅背的椅子。這裡的概念其實就是專利排他權的概念，這樣任何先前的技藝或技術，才得以讓後繼者接續改良或改進（再發明）。

　　上述案例，其實乙公司有椅背的專利是可以跟甲公司商談交互授權，或是乙公司直接將椅背專利授權或賣給甲公司，甚至甲公司可以請乙公司代工椅背。

　　另外，本書中建議在做本章節的專利布局時，可以利用下列方法（本書在這裡的「椅子」案例僅為了方便讀者很快了解而特地用一假設的簡單例子來說明）：

(1) 舉例來說，假設利用前面章節的專利檢索中發現了圓木頭坐板的專利範圍如下：

　　一種椅子，包含：

　　一圓木頭坐板(A)；複數個椅腳(B)；連接該坐板之一底部(C)。

(2) 接續可以根據此椅子專利範圍內重要的「元件」，如(A)圓木頭坐板、(B)椅腳、(C)底部（這裡僅選擇「名詞」作為舉例，實際上專利範圍的字義侵權包含專利範圍內所有文字：動詞如「連接」，形容詞如「複數個」，更包含副詞等其他所有出現在專利範圍內的文字），進行「想一想」可能的置

換（這裡不再對於簡單置換是否仍落入均等論侵權疑慮探討），像是「圓木頭」材質的變化，或是造形變化，如下圖。

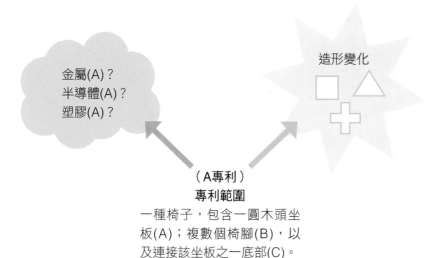

金屬(A)？
半導體(A)？
塑膠(A)？

造形變化

（A專利）
專利範圍
一種椅子，包含一圓木頭坐板(A)；複數個椅腳(B)，以及連接該坐板之一底部(C)。

圖18　「想一想」材質或造形變化

(3) 本書中建議可以利用表格來進行專利範圍內「元件」的特質分類，除了材質的改變，更可以包含數量、位置進行可能的改變。本書舉例包含有「圓木頭」可以是金屬、半導體、塑膠；可以是方形、三角形、十字形或是任何非「圓形」的不規則造形設計；或是椅腳的數量改變（但仍要注意商品化及實用性的改變）；或是專利範圍中動詞「連接」關係的改變，如椅腳連接該坐板的側邊緣（不連接「底部」），見下表說明。

表1 專利範圍變化參考表格

項目	圓木頭坐板 (A)	複數個椅腳 (B)	底部 (C)
材質	金屬、半導體、塑膠		
造形	方形、三角形、十字形、不規則		
位置			側邊緣
數量		1個	

　　根據上述的改變後，就有進行「創新」專利再布局的可能性，以上述椅子的例子來看，可能就會產生另一件專利：

　　一種椅子，包含：

　　一不規則狀坐板(A)；至少一個可支撐坐板且可站立的椅腳(B)；該椅腳連接該坐板之一邊緣處(C)。

　　再者，建議在做本章節的專利布局時，亦可以利用本書另外提出的下列方法來進行迴避，乃至於進行專利再布局。

　　舉例來說，本書實際隨機引用中華民國發明專利：

　　內部時脈與即時時脈同步之系統與方法

　　SYSTEM AND METHOD OF INTERNAL CLOCK AND REAL TIME CLOCK SYNCHRONIZATION

申請日	20041115
公告日	20051011
申請號	TW093134872
公告號	TWI241773B公開TW200616338A
證書號	I241773

　　中華民國發明專利（I241773）專利範圍包含有18項權利範圍主張，其中第1項及第6項是獨立項（其餘為附屬項），在此僅用第1項專利申請範圍獨立項來說明本書即將提出的專利迴避及專利布局方法：

　　（舉例第1項獨立項）一種內部時脈與即時時脈同步之系統，其包括：

　　一控制處理模組(A)；用以寫入資料訊號(B)；讀取資料訊號(C)；一即時時脈晶片模組(D)；電性耦接至該控制處理模組(A)並接受輪詢的要求(E)以輸出時間資料(F)；以及一內部時脈產生單元(G)配置於該控制處理模組(A)內，用以與該即時時脈晶片模組(D)達成資料訊號(H)同步之動作。

　　依據上述獨立項例子中，將會對應產生「元件」（包含所有的名詞），有控制處理模組(A)、資料訊號(B)、讀取資料訊號(C)、即時時脈晶片模組(D)、要求(E)、輸出時間資料(F)、內部時脈產生單元(G)、資料訊號(H)等「元件」（名詞），所有名詞都將以「方塊」來表示，各「方塊」的關係主要用動詞來連接。

　　舉例來說：

　　一控制處理模組(A)，用以寫入資料訊號(B)，則會對應產

生「A功能方塊」與「B功能方塊」的「寫入」（動詞）連接關係，如下圖。

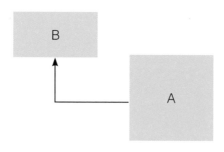

圖19 「A功能方塊」與「B功能方塊」的「寫入」（動詞）連接關係

一控制處理模組(A)……讀取資料訊號(C)，則會對應產生「A功能方塊」與「C功能方塊」的「讀取」（動詞）連接關係，如下圖。

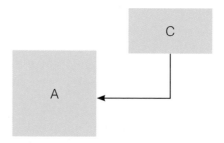

圖20 「A功能方塊」與「C功能方塊」的「讀取」（動詞）連接關係

整個第1項獨立項最後可繪製成一個特別的方塊示意圖，如下圖，本書將此圖命名為「專利範圍方塊示意圖」（Claim Map）。

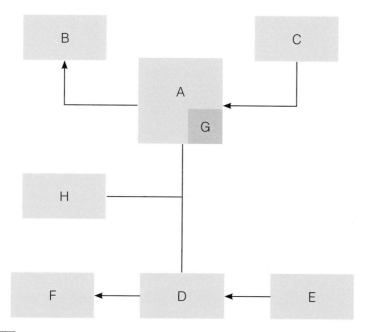

圖21 專利範圍方塊示意圖

　　請注意，依照本書方法繪製的「專利範圍方塊示意圖」將可有效進行迴避設計，進而進行專利再布局。

　　但在這裡要提醒一個很多人常誤解的概念：

(1) 部分人通常會直接閱讀完整篇專利說明書，尤其認為自己的技術、手段或方法不一樣，就應該已經迴避他人專利。實際上，專利說明書內容通常為了方便解釋對應專利申請範圍，主要是以一個「較佳」的實施案例來支撐其專利申請範圍，而非實際保護的專利範圍。

(2) 部分人通常認為增加或稍稍修改他人專利範圍，就應該已經迴避他人專利。

以上述內容舉例來說：

部分人員會直接研讀專利說明書及其對應代表圖式（如下圖），但實際上，專利說明書的代表圖主要是為了說明實際（較佳）的實施方法，並藉由此較佳實施方法來「支援」（而非實際涵蓋）對應的18項權利範圍主張。

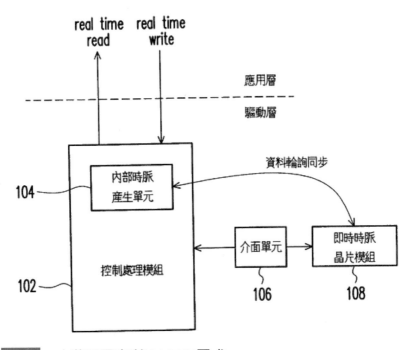

圖22 中華民國專利I241773圖式

圖片來源：中華民國專利資訊檢索系統，2022 年 10 月 6 日查詢，https://twpat.tipo.gov.tw。

但實際上，這件專利所描述的專利申請範圍（以獨立項第1項為例）應該是上述所繪製的「專利範圍方塊示意圖」。

另外，迴避他人專利仍應以本書介紹的「專利範圍方塊示意圖」來進行專利迴避，其迴避方式很簡單：

(1) 減少「專利範圍方塊示意圖」中的方塊數量。

(2) 若無法減少「專利範圍方塊示意圖」中的方塊數量，建議改變至少2個方塊之間的連結關係。

(3) 若是上述(1)或(2)可以達成其中一項迴避，迴避的方式即可進行專利再布局。

舉例來說：

(1) 是否可將時間資料(F)及資料訊號(H)整合，由2個方塊減少為1個方塊（如下圖）？但是，仍須思考實務技術上是否可行？或是否會產生其他資訊干擾等疑慮？

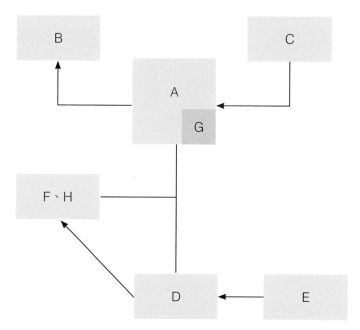

圖23　將時間資料(F)及資料訊號(H)整合之專利方塊示意圖

(2) 是否可以將內部時脈產生單元(G)「改」配置於該控制處理模組(A)外部（如下圖）？

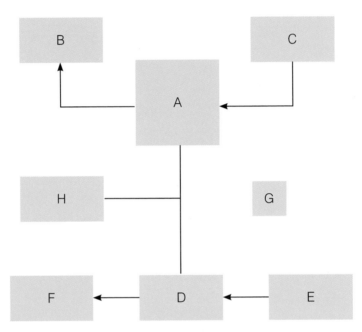

圖24 將內部時脈產生單元(G)「改」配置於該控制處理模組(A)外部之專利方塊示意圖

(三)「來源」創新（商標布局）

本書中的「來源」創新，主要著重在如何表達創新的來源，建議利用商標保護的方式來進行創新的表達及創新的保護，商標的精神在於表彰商品或服務的來源，也就是說，當您看到（或感受到）某個品牌（可以是文字、圖形、味道、動態、手勢、顏色……等任何具有識別性或顯著性的標示），就能感受創新的來源。

創新的概念或內在可以用本書前面章節所提到「推陳出新」的方法來進行，但其創新的外在表達（乃至於此表達的保護），本書中建議最佳的保護方式即是利用商標保護及設計專利的保護。

任何有形或無形的識別，我們最常就是用以一特定名稱來區分，然後根據該特定名稱本身的特質（或是其人、事、時、地、物的事實及背景所具有的特性）來給予該名稱各式各樣的評價。舉例來說，一提到鼎泰豐（外在來源名稱），通常就會想到18摺小籠包（內在特質）；或是一提到打擊樂器（內在特質），通常很容易想到「朱宗慶」（外在來源名稱）。

「來源」創新可以包含有：

1. 圖案Logo

Logo可定義為標誌、標識或徽標，是個人、企業、組織……等用作識別的一種圖像、符號或象徵物；也可定義為圖形商標（Figurative Mark），圖形商標是指用圖案或幾何圖形構成，使用在商品或服務上的標誌。圖形商標有便於識別的優點，亦有不便呼叫的缺點；還可定義為徽標或者商標的外語縮寫，是Logotype的縮寫，可用於識別和推廣公司，通過形象的徽標讓消費者能記住公司主體和品牌文化。

在本書中的「來源」創新，圖案Logo是最快令人感受到您的創新表達的標誌。

舉例來說：

星巴克（Starbucks）：星巴克的商標，是女海妖（有些人誤解為美人魚），女海妖緣自於希臘神話中以歌聲引誘水手走向死

亡的半人妖女賽蓮（Siren）。另外，在星巴克「女海妖」商標上包含有乳房和雙重魚尾巴，代表著嫵媚迷人且充滿冒險精神，象徵著星巴克的咖啡精神，總是具有一種誘惑力。

本書中有關「來源」創新中的圖案Logo，建議可以利用上述推陳出新的方法，以商標圖形檢索來確認您的「來源」創新是否已與他人重複，以避免造成後續「來源」創新的「圖形」侵害他人著作權（圖形著作或美術著作）及商標權，造成他人誤認混淆產品、服務的來源或是即使不混淆但是減損或淡化（Diloution）他人商標。

建議可以使用智慧財產局提供免費的商標圖形近似檢索系統。

從商標圖形近似檢索系統來看，通常都是利用圖形路徑表分類來區分相同或近似與否，如下圖。

圖形路徑表
- ⊞ **01 人物**
- ⊞ **02 動物**
- ⊞ **03 植物**
- ⊞ **04 天體、自然現象、地圖模型、景觀**
- ⊞ **05 建築物**
- ⊞ **06 器物**
- ⊞ **07 運輸工具**
- ⊞ **08 服飾／織物**
- ⊞ **09 加工食品**
- ⊞ **10 盾牌、皇冠、旗幟、有價標記**
- ⊞ **11 文數字及符號**
- ⊞ **12 抽象幾何圖形**
- ⊞ **13 立體圖形**
- ⊞ **14 顏色**
- ⊞ **15 全像圖**
- ⊞ **16 動態商標**
- ⊞ **17 其他商標**

　　上述的分類僅是大類，每一項大類更包含中類，每一中類，按照需求可能更包含小類等。

　　舉例來說：

　　大類的01人物包含有中類的男人、女人和小孩／嬰兒等，如下圖。

圖形路徑表

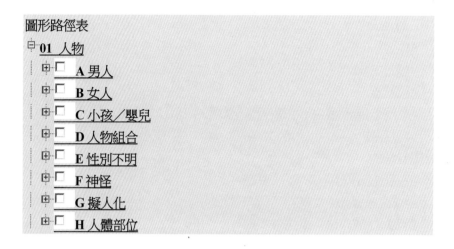

中類的A男人更可包含有小類的乘或伴有空中運輸工具（含跳傘）、乘或伴有陸上運輸工具（不含騎乘動物）和乘或伴有船及救生艇等，如下圖。

圖形路徑表

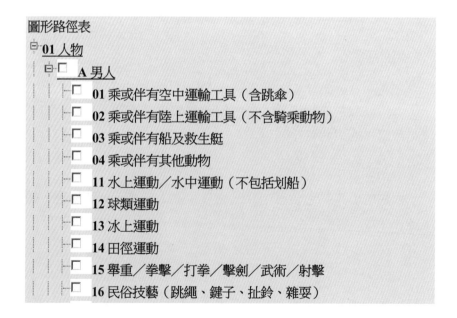

17 體操運動（包括舞蹈、健美）

21 彈奏樂器

31 吃或喝（抽煙、喝酒）

41 盔甲武士／軍人／員警

42 海盜

43 牛仔

44 小丑

45 聖誕老人

46 印地安人

47 廚師

48 戴皇冠

49 中日韓傳統服飾

50 其他國家傳統服飾

60 其他

　　利用上述圖形路徑分類，就可以先確認您的「來源」創新的圖形是否已有相同或近似，或是同時可以用此檢索圖形，再利用檢索後的結果，進行推陳出新的「來源」創新圖形設計。但是本書仍要提醒您參考他人圖形作品，再設計自己的圖形作品，要注意是否侵害他人著作權的改作權。

　　舉例來說：

　　先選擇圖形路徑分類02-A-06（動物－飛禽／蝙蝠－鷹），如下圖。

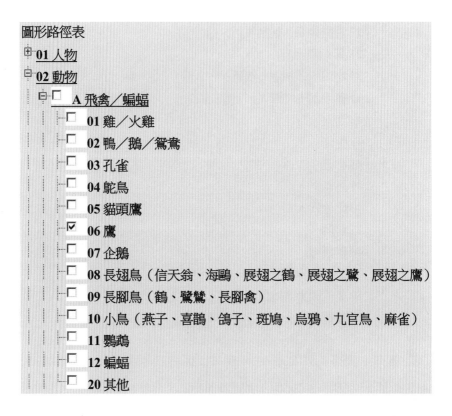

圖形路徑表
⊞ 01 人物
⊟ 02 動物
　　⊟☐ A 飛禽／蝙蝠
　　　　☐ 01 雞／火雞
　　　　☐ 02 鴨／鵝／鴛鴦
　　　　☐ 03 孔雀
　　　　☐ 04 鴕鳥
　　　　☐ 05 貓頭鷹
　　　　☑ 06 鷹
　　　　☐ 07 企鵝
　　　　☐ 08 長翅鳥（信天翁、海鷗、展翅之鶴、展翅之鷺、展翅之鷹）
　　　　☐ 09 長腳鳥（鶴、鷺鷥、長腳禽）
　　　　☐ 10 小鳥（燕子、喜鵲、鴿子、斑鳩、烏鴉、九官鳥、麻雀）
　　　　☐ 11 鸚鵡
　　　　☐ 12 蝙蝠
　　　　☐ 20 其他

接續查詢結果，共找到約2,153筆，您可以再逐一或是同時下達更多的圖形路徑分類來限制圖形檢索的範圍。

舉例來說：

除了上述路徑分類02-A-06（動物－飛禽／蝙蝠－鷹）外，再同時增加02-G-01（動物－部分特徵－頭部之部分特徵），如下圖。

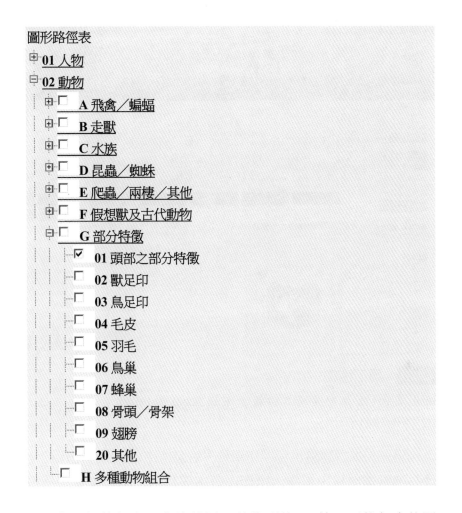

圖形路徑表

⊞ **01 人物**

⊟ **02 動物**

  ⊞ ☐ **A 飛禽／蝙蝠**

  ⊞ ☐ **B 走獸**

  ⊞ ☐ **C 水族**

  ⊞ ☐ **D 昆蟲／蜘蛛**

  ⊞ ☐ **E 爬蟲／兩棲／其他**

  ⊞ ☐ **F 假想獸及古代動物**

  ⊟ ☐ **G 部分特徵**

      ☑ **01 頭部之部分特徵**

      ☐ **02 獸足印**

      ☐ **03 鳥足印**

      ☐ **04 毛皮**

      ☐ **05 羽毛**

      ☐ **06 鳥巢**

      ☐ **07 蜂巢**

      ☐ **08 骨頭／骨架**

      ☐ **09 翅膀**

      ☐ **20 其他**

  ☐ **H 多種動物組合**

　　在這裡的個案，查詢結果：共找到約235筆，可能包含的圖形至少如下圖，在這裡僅列舉2個圖形案例。

圖25　圖形檢索

圖片來源：智慧財產局商標檢索系統，2022 年 10 月 6 日查詢，https://twtmsearch.tipo.gov.tw。

　　另外，本書建議也可以使用世界智慧財產權組織所提供的全球品牌數據庫檢索系統，這個系統主要是利用AI人工智慧的方式來針對您所表達的圖形Logo來查看在大約71個國家（對應超過50,170,000筆紀錄）是否無相同或是近似的圖形商標。

2. 標語（口號）Slogan

　　Slogan可定義為一句容易記憶的格言或者宣傳句子，可使用在商業、社會、政治、軍事或是宗教等範圍，主要用於反覆表達一個概念或者目標；也可定義為口號，是一種較長時期內反覆使

用的特定用語，以最簡短的文字表達企業、品牌或商品的特性及優點；還可定義為文字簡練、意義鮮明的宣傳、鼓動口號。

在本書中的「來源」創新，利用標語（口號），尤其是押韻或是順口的標語（口號）會讓人對您所要表達的「來源」創新更是「印象深刻」。

舉例來說：

華碩品質，堅若磐石（或是精采創新，完美品質）、全家就是你家等案例。

上述利用「押韻」或是順口的標語（口號）的長期使用，會讓人對於您的商品、服務或是名稱產生聯想（或是攀附）來建立品牌的熟悉度或知名度，但是建議品牌應盡量融入在標語或口號中。

舉例來說：

鑽石恆久遠一顆永留傳、JUST DO IT。

這是一句相當美好的標語，但是這個案例的標語會只讓人對鑽石印象更深刻，無法直接從這個案例的標語得知是哪個品牌，當然，也可以在標語前後連結品牌名稱，只是在行銷上可能就需要花費更多的設計了。

3. 設計Design

設計是一種有目的的創作行為，同時設計的過程要經歷收集和分析情報，再將不同的情報築起一件作品，故設計又可以叫作情報的建築；也可以是根據市場對產品的需求，設計人員運用現代設計理論並結合經驗，經過創造性的思維、規劃及必要的設計計算；還可以是經由合理的規劃、周密的計畫及各種方式表達思

考內容的過程。

在本書中的「來源」創新，利用設計（Design），這裡的設計包含商品的整體或部分的呈現，而這個呈現必須讓人一眼就感受到整體或部分設計的顯著性。請注意，這裡的顯著性可以用設計專利或是立體商標來進行專利權或是商標權的保護，利用專利或是商標檢索來進行「推陳出新」的創新，是本書推薦的創新方法之一。

舉例來說：

臺北101大樓的設計整體及部分都具有其顯著性，且進行其商標檢索，101的商標保護如下：

商標圖樣描述：本商標係由一多節式101層世界第一高摩天大樓及群樓所構成，其中多節式摩天大樓自第27層開始至第90層，每8層為一節，一共8節，以每節頂樓外斜7°、花蕊式的造形向上開展，大樓的外觀類似竹節的形狀，每節的四個角有「祥雲」形狀的金屬突起物裝飾，而每節的四個面的中間有一個「如意」裝飾。為了符合「金融中心」的主題，於第24至27層的位置則有直徑近4層樓的「方孔古錢幣」裝飾大樓四面，而群樓頂樓的採光罩，外型即是中國的「如意」。

| 查詢頁 | 匯出EXCEL | 結果簡表 | 結果詳表 | 影像顯示 | 註記簿表 | 註記詳表 | 註記影像 |

□ 新申請案(有效)　□ 新申請案(無效)　☑ 註冊案(有效)　□ 註冊案(無效)　□ 核駁案　□ 其他應檢索之參考資料

詳表資料

註冊/審定號: 01160211	商標種類: 商標	商標名稱: 台北101大樓之立體圖	
申請案號: 093026398		正註冊/審定號: 01160211	
申請日期: 093/06/08	優先權日期:	專用期間: 094/07/01~114/06/30	
商標權人: 台北金融大樓股份有限公司		國籍: 中華民國	
撤銷公告日期:	失效/撤銷原因:		
商標中文:	聲明不專用:		
商標英文:	商標圖樣描述: 本商標係由一多節式一○一層世界第一高摩天大樓及群樓所構成,其中多節式摩天大樓自第27層開始至第90層,每八層為一節,一共8節,以每節頂樓外斜7°、花苞式的造型向上關展,大樓的外觀類似竹節的形狀,每節的四個角有「祥雲」形狀的金屬突起物裝飾,而每節的四個面的中間有一個「如意」裝飾,為了符合「金融中心」的主題,於第24至27層的位置則有直徑近4層樓的「方孔古錢幣」裝飾大樓四面,而群樓頂樓的採光罩,外型即是中國的「如意」。		
商標日文:	說明文字內容:		
商標記號:	備註欄:		
商品類別: 003	商品或服務名稱: 香水、化粧品、護膚保養品、刮鬍水、化粧棉;潔髮液;染髮劑;人體用清潔劑;浴廁清潔劑;增加鏡片透光率及緻線率之化學品;香精油;茶浴包;磁磚片清潔液;牙膏;革油、鞋油;線香;家庭用靜電防止劑;動物用化粧品;口腔清潔劑;		

圖26　商標01160211

圖片來源：智慧財產局商標檢索系統，2022 年 10 月 6 日查詢，https://twtmsearch.tipo.gov.tw。

　　舉例來說：

　　美國蘋果公司（APPLE INC）在其產品展示間的設計亦具有其顯著性，若進行其設計專利檢索，其設計專利保護如下：

　　請注意，設計專利保護，依據《專利法》規定：設計，指對物品之全部或部分之形狀、花紋、色彩或其結合，透過視覺訴求之創作。

【物品用途】

本設計係關於房間。

【設計說明】

圖式中之虛線展示房間的部分，為本案不主張設計之部分。

圖式中展示的色彩／灰階僅表示不同陰影區域當間的對比外觀。

傾斜影線展示透明度或半透明度。

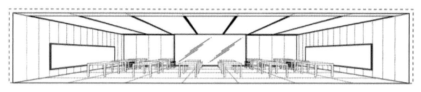

前外立體圖（代表圖）

圖27 **中華民國專利D182009圖式**

圖片來源：中華民國專利資訊檢索系統，2022年10月6日查詢，https://twpat1.tipo.gov.tw。

4. 形狀Shape

形狀是一物體或其外部邊界、輪廓及其表面所組成的，和物體的其他特性（如紋理、顏色、材料組成等）無關，形狀也可以是由邊、曲線或以上兩種東西的結合來形成的封閉空間。

在本書中的「來源」創新，利用形狀，尤其是特殊的幾何圖形結合表現，讓人產生不同的視覺感受。這裡的感受可以是利用特殊形狀來讓人產生不同的情緒或感受；可以是美感的視覺；也可以是恐怖或是其他讓感受者體會到創作者的喜怒哀樂，進而感同身受，達到傳遞「來源」創新的表達記憶。

請注意，這裡的形狀創新可以同時用設計專利或是商標保護，而且若是該項形狀同時帶有功能性，也可以申請新型專利或發明專利，但是要注意，有可能因為該功能的表現，造成商標保護的核駁（描述商品功能性）。

舉例來說：

中華民國設計專利D167690利用形狀來產生創新的花瓶框架，但本書仍建議從「來源」創新角度來看，可以在行銷時，再增加品牌故事，或其設計概念盡量結合其品牌名稱或是公司名稱，以同時達到形狀創新及來源的結合效果。

其設計專利保護如下：

【物品用途】

本設計物品係提供一種精緻、輕巧、美觀，可提供花瓶套用以增加穩固性及整體造形美感之框架。

【設計說明】

本設計花瓶框架係以樹枝枝幹之意象造形，設計成鏤空之框體，師法生態多變的生長結構，演繹若枝椏交錯、光雕流金的美感，於是，生生不息、緜延不絕的生命力躍然靈現。框架包覆著清亮的玻璃花瓶，剛與柔、黑白與多彩，對比相生，鮮明活潑，呈現出單純而強烈的完整性，是優雅花器也是浪漫燈飾，晝夜多姿，為空間美感畫龍點睛，展現出剛柔並濟、生意盎然的生命之美。

立體圖（代表圖）

圖28 　中華民國專利D167690圖式

圖片來源：中華民國專利資訊檢索系統，2022 年 10 月 6 日查詢，https://twpat1.
tipo.gov.tw。

5. 包裝（商業外觀）Trade Dress

　　包裝是指物品外面的裝飾和保護層，不同的物品有不同的包裝方法和材質；商業外觀包含產品的外形或形狀、產品的包裝、在產品或其包裝上使用的顏色或設計、所使用的顏色與其他因素的組合，甚至包含營銷技巧；還可以是選用合適的包裝材料，運用巧妙的工藝手段，來美化或裝飾商品。

　　在本書中的「來源」創新，利用包裝設計或是商業外觀可以創造產品或服務的外在識別，而且利用不同材質的包裝更可以產生差異，或不同價格的「來源」創新，當然這樣的包裝創新仍建議搭配品牌故事或是品牌名稱的連結，來增加包裝的價值。

　　請注意，包裝的創新可以同時針對視覺部分進行其商標、設計專利或著作權的保護；另外，在包裝的製程上若有創新的流

程，還可以同時利用發明專利來進行保護。

舉例來說：

義大利商費列羅公司（FERRERO S.P.A.）針對「來源」創新的部分，一提到情人節和巧克力，很容易讓人從包裝的顯著性想到下列商品：

正商標號數：01200291。

該件商標係由球狀糖果以金黃色包裝紙之包裝圖，再以咖啡色包裝紙為底，有一白色橢圓形標籤置於糖果頂端中央，並含外文"FERRERO ROCHER"等字樣，而橢圓形則採以金黃色、白色及紅色線條之輪廓所構成。

圖29 商標01200291

圖片來源：智慧財產局商標檢索系統，2022 年 10 月 6 日查詢，https://twtmsearch.tipo.gov.tw。

舉例來說：

統一企業股份有限公司；PRESIDENT ENTERPRISES CORP. (TW)在包裝的製程上進行創新流程：

發明專利：I732362。

一種片狀食材包裝方法，包含：

(1) 將至少一第一片狀食材放置於一食材載具，該食材載具具有一食材盛放面，及一圍繞該食材盛放面的封膜固定面，該第一片狀食材位於該食材盛放面。

(2) 將一內封膜固接於該封膜固定面，以密閉地包覆該第一片狀食材。

(3) 裁切該內封膜。

(4) 將至少一第二片狀食材放置於該內封膜的頂面。

(5) 密閉地包覆該第二片狀食材。

（對應如下圖。）

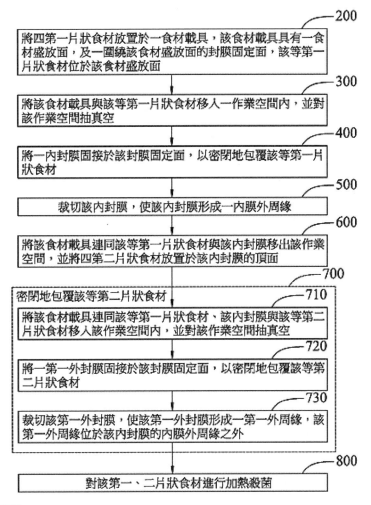

將四第一片狀食材放置於一食材載具，該食材載具具有一食材盛放面，及一圍繞該食材盛放面的封膜固定面，該等第一片狀食材位於該食材盛放面 —— 200

將該食材載具與該等第一片狀食材移入一作業空間內，並對該作業空間抽真空 —— 300

將一內封膜固接於該封膜固定面，以密閉地包覆該等第一片狀食材 —— 400

裁切該內封膜，使該內封膜形成一內膜外周緣 —— 500

將該食材載具連同該等第一片狀食材與該內封膜移出該作業空間，並將四第二片狀食材放置於該內封膜的頂面 —— 600

密閉地包覆該等第二片狀食材 —— 700

將該食材載具連同該等第一片狀食材、該內封膜與該等第二片狀食材移入該作業空間內，並對該作業空間抽真空 —— 710

將一第一外封膜固接於該封膜固定面，以密閉地包覆該等第二片狀食材 —— 720

裁切該第一外封膜，使該第一外封膜形成一第一外周緣，該第一外周緣位於該內封膜的內膜外周緣之外 —— 730

對該第一、二片狀食材進行加熱殺菌 —— 800

圖30 中華民國專利I732362圖示

圖片來源：中華民國專利資訊檢索系統，2022 年 10 月 6 日查詢，https://twpat1.tipo.gov.tw。

6. 彩色（顏色或色彩）Color

顏色或色彩是眼、腦和我們的生活經驗對光的顏色類別描述的視覺感知。

顏色具有三個特性，即色相、明度和飽和度，這三個特性及其相互關係可以用三度空間的顏色立體來說明。

在本書中的「來源」創新，利用彩色（顏色或色彩）或是顏色管理，可以識別產品或服務的外在，但是利用顏色來表達其「來源」創新的方式，通常搭配長期且大量媒體曝光行銷，進而達到其顏色的後天識別性（著名或知名識別性）。

舉例來說：

美商金頂美國營運公司（DURACELL US. OPERATIONS, INC.）針對「來源」創新的部分，利用電池表面上顏色變化且搭配長期且大量媒體曝光行銷，進而達到相當成功的識別，且申請商標保護。

請注意，顏色商標的申請，其核准率並不高，主要是單純利用顏色來證明其「來源」創新，通常其識別性程度會比較低，但若能長期（至少3～5年）且能夠證明其著名或知名程度（可提供3～5年內的廣告預算、產品或服務單價、營收、客戶數或是客戶消費次數等），仍是有機會取得顏色商標的保護。

正商標號數：00992276。

商標名稱：Copper & Black Cylindrical Design

該商標係以顏色組合商標申請；商標圖樣上虛線部分之形狀不屬於圖樣之一部分；該商標圖樣所使用實際顏色為銅、黑二色組合置於圓柱體上，銅色於上，黑色位於其下。

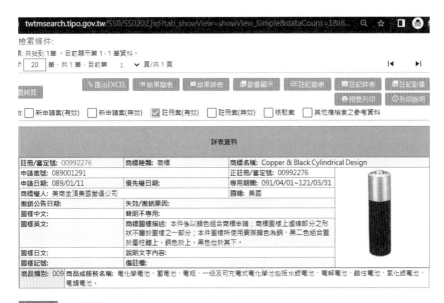

檢索條件：

共找到1筆，目前顯示第1-1筆資料。

20 筆，共1筆，目前第 1 ∨ 頁／共1頁

匯出EXCEL　結果簡表　結果詳表　影像顯示　註記簡表　註記詳表　註記影像
查詢頁　　　　　　　　　　　　　　　　　　預覽列印　列印說明

□ 新申請案(有效)　□ 新申請案(無效)　☑ 註冊案(有效)　□ 註冊案(無效)　□ 核駁案　□ 其他應檢索之參考資料

詳表資料			
註冊/審定號: 00992276	商標種類: 商標	商標名稱: Copper & Black Cylindrical Design	
申請案號: 089001291		正註冊/審定號: 00992276	
申請日期: 089/01/11	優先權日期:	專用期間: 091/04/01~121/03/31	
商標權人: 美商金頂美國營運公司		國籍: 美國	
撤銷公告日期:	失效/撤銷原因:		
圖樣中文:	聲明不專用:		
圖樣英文:	商標圖樣描述: 本件係以顏色組合商標申請；商標圖樣上虛線部分之形狀不屬於圖樣之一部分；本件圖樣所使用實際顏色為銅、黑二色組合置於圓柱體上，銅色於上，黑色位於其下。		
圖樣日文:	說明文字內容:		
圖樣記號:	備註欄:		
商品類別: 009	商品或服務名稱: 電化學電池、蓄電池、電瓶、一級及可充電式電化學池包括水銀電池、電解電池、鹼性電池、氧化銀電池、電鑽電池。		

圖31　商標00992276

圖片來源：智慧財產局商標檢索系統，2022年10月6日查詢，https://twtmsearch.tipo.gov.tw。

　　請注意，顏色的「來源」創新也可以同時比照包裝的「來源」創新，針對顏色視覺部分進行其商標、設計專利、著作權的同步保護，不過顏色的保護針對設計專利的專利要件（其中一要件：新穎性）或是著作權的獨創性的要件，欲取得其要件（像是新穎性等專利要件或是獨創性）進而保護，會比較不容易。通常顏色的保護會搭配其產品的形狀、包裝或是三者結合來增加其核准設計專利或是滿足著作權的要件。

7. 聲調（音效或聲效）Sound（Audio）

　　聲調（音效或聲效）是人工製造或加強的聲音，用來增強對影片、電子遊戲、音樂或其他媒體的藝術或其他內容的聲音處理；是指由聲音所產生的效果，為增進一場面之真實感、氣氛或

戲劇效果，而加於聲帶上的雜音或聲音。

在本書中的「來源」創新，利用聲調（音效或聲效），可以識別產品或服務的外在，且該聲調（音效或是聲效）可以同時用聲音商標及著作權來保護。另外，聲音的表達並不是專利可以保護的標的，但是該聲音產生的方法或是運用聲音搭配其他手段產生創新的過程，還是可以用發明專利來加以保護。

舉例來說：

經濟部智慧財產局核准的聲音商標包含有：

提神飲料廣告「你累了嗎？」

眼藥水廣告詞「新一點靈B12」

曾紅遍大街小巷的廣告歌曲「綠油精」

濃湯廣告詞「好湯在康寶」

三洋維士比廣告詞「福氣啦」等，都是已註冊的聲音商標。

8. 香味（氣味、香水、香精）Fragrance

氣味是人類嗅覺系統對散布於空氣中的某些特定分子的感應。人們把使人愉快的氣味稱為香味，而使人不快的氣味則稱為臭味，人類大概能識別1,000種不同的氣味。氣味營銷是指以特定氣味吸引消費者關注、記憶、認同以及最終形成消費的一種營銷方式，是對消費者味覺、嗅覺的刺激，有別於傳統視覺刺激。香精是一種由人工調配出來的，含有兩種以上乃至幾十種香料（有時也含有合適的溶劑或載體），具有一定香氣的混合物。

在本書中的「來源」創新，利用香味（氣味、香水、香精），可以識別產品或服務的外在感受，該香味（氣味、香水、香精）可以同時用氣味或味道商標來保護，且其香味（氣味、香水、香精）的配方可以同時用發明專利來保護。但是香味（氣

味、香水、香精）的表達並不是著作權可以保護的標的，目前僅法國接受香味（氣味、香水、香精）可以同時受著作權保護。

舉例來說：

目前各國仍對於香味（氣味、香水、香精）用商標保護，存在不同的看法。主要是香味（氣味、香水、香精）在不同的人、事、時、地、物的情境下，有可能會產生不同的感受，造成消費者不同的誤認、混淆，商標的權利範圍無法確認其變動。

目前核准的香味（氣味、香水、香精）商標，大都是因為搭配長期且大量媒體曝光行銷，進而達到相當成功的識別。

美國Clarke（1990）案： 全球首例核准的香味（氣味、香水、香精）商標，在re Clarke, 17 USPQ2d 1238（TTAB1990）案（下稱Clarke案）中，美國商標初審上訴委員會（TTAB）認為Clarke公司生產帶有花香味的紡線在當時市場上只有該公司生產供應，而Clarke公司也能證明消費者聞到該紡線時可以聯想到商品是由Clarke所製造，TTAB認為這些事例足夠作為該商品取得第二意義的證據。但TTAB也強調，並非任何帶有香味的產品都可以表彰商品的來源，比如香水、古龍水、家庭清潔、沐浴用品等，這些氣味都是上述產品發揮其自身功能時所具有的特徵，因此不准註冊。最後，TTAB認為必須氣味與商品之間具有「特殊的或獨特的關聯性」（Unique Relationship），而非「功能性的關聯」，並且能夠獲得消費者認同而取得第二意義，才可以註冊為商標。綜上可知，USPTO的審查標準，重點在於某商標是否能借助大量的使用事證通過「功能性標準」，以取得「後天顯著性」。

(四) 文學藝術作品創新（著作權布局）

在本書的文學藝術創新中，獨創性或原創性是必要的，且可以藉此將其獨創性或原創性的表達方式利用著作權進行保護。在這裡的創新中，必須避免參考且改作他人的作品，換句話說，創新中若需要參考近似或先前的作品，則可以採用本書所提推陳出新的創新，且本書建議可以參考其近似或先前作品且該作品已屬公共財，通常建議該項作品著作人已死亡逾五十年。否則，在這裡的文學藝術創新，對於避免接觸他人近似作品，而不至於落入抄襲或改作他人作品則是相當重要的議題。

1. 語文著作

有人定義「語文」是中文語境中一個多義的詞語，包括語和文，「語」指語言，而「文」則有多種解釋，不同情況下可能指文學、文字或者文化等等。亦有人認為語文著作通常作為語言文字、語言文學、語言文化的簡稱，語文是運用語言規律與特定詞彙所形成書面的或口語的言語作品及這個形成過程的總和。

在本書中的「文學藝術創新」，可以利用獨創、原創或是已屬公共財的語文著作，像是期刊、小說、短文、圖文並茂的產品、服務說明書或已逾百年的古詩等，可以有效吸引產品或服務第一次消費的粉絲，這些粉絲是否願意進行第二次等後續消費，則需要端看產品或服務本身的價值。

舉例來說：

在一個馬克杯表面印上唐詩三百首中的詩詞，可以很快的吸引消費者的目光，進而購買該馬克杯，但是馬克杯本身的質量仍是後續消費者最在意的。

2. 音樂（聲音）著作（Music, Audio Ads）

音樂可以指任何用聲音組成的藝術，Music一詞源於古希臘語繆斯（Muse）女神的藝術，許慎《說文解字》解釋為：「音，聲也。生於心，有節於外，謂之音。」認為音樂需要透過人心去想像和創造。

音樂著作可被定義為網上聲音廣告（Online Audio Ads），網上聲音廣告是指在各種廣告形式中加入聲音，增強廣告效果，使受眾印象深刻；亦有人認為音樂是一種藝術形式和文化活動，其媒介是按時組織的、有規律的聲波（機械波的一種）。

在本書中的音樂（聲音著作）創新中，如同上述語文著作可以利用獨創、原創或是已屬公共財的音樂（聲音著作）來加值其他的創新產品或服務的魅力，音樂或是聲音著作，對於人的喜怒哀樂苦的感受最容易引起共鳴，該共鳴的傳播速度通常會較其他五官感受更快。

針對上述經濟部智慧財產局核准的聲音商標（如下所述），也同時屬於這裡的音樂或是聲音著作，且受《著作權法》保護，但是要注意著作權保護是有其期限的，而商標卻可以延續百年，甚至千年的權利，只要該商品或是服務類別項目上有持續作為商標使用。

舉例來說：

提神飲料廣告「你累了嗎？」

眼藥水廣告詞「新一點靈B12」

曾紅遍大街小巷的廣告歌曲「綠油精」

濃湯廣告詞「好湯在康寶」

三洋維士比廣告詞「福氣啦」等，

都是已註冊的聲音商標，且同時受《著作權法》保護。

3. 戲劇（Drama）、舞蹈（視聽著作）著作

戲劇是表演人員用對話、歌唱或動作等方式將某個故事表演出來的藝術；舞蹈也是表演藝術的一種，可以是即興的，也可以是特意編排的一連串動作，而這些動作有美學上的價值，也常常具有象徵性。所謂的戲劇化接近法也叫馬戲接近法或表演接近法，是指推銷人員利用各種戲劇性的表演技法引起顧客注意和興趣，進而接近顧客的方法。也有人認為戲劇是指以音樂、舞蹈、語言、動作等形式進行舞臺表演藝術的總稱；而舞蹈是使用身體來完成各種優雅或高難度動作的表演藝術，通常有音樂伴奏，以有節奏的動作為主要表現手段的藝術形式。

在本書中的「戲劇、舞蹈著作」創新中，戲劇有多個元素，至少包括了演員、故事（情境）、舞臺（表演場地）等創新，且上述的每一段完整的著作都受《著作權法》保護。

另外，針對戲劇、舞蹈著作創新中，更包含有以下的創新：

(1) 製作創新：此項創新包含劇本開發（原型、大綱、分場、分鏡）、拍攝（燈光、美術）、後製（剪接、特效、字幕、音效、配樂）等各種樣態的創新。

(2) 宣傳創新：此項創新包含該宣傳的花架、預告等的創新，及該宣傳的傳播媒體（或表演場地）等創新。

(3) 延伸創新：此項創新包含周邊商品、服務，或是任何延伸改作的創新。

請注意，這裡的創新除了著作權保護該創新的表達，若是該表達搭配相關軟體、硬體（或是韌體）的科技，更可以同時受

《專利法》保護，而且每一項單一的創新都可能因為其創新的獨立性（單一性）並且具有完整性（可據以實施），而分別受《專利法》的個別保護。

舉例來說：

「雲門舞集」是一個臺灣的現代舞蹈表演團體，西元1973年由林懷民先生創辦，也是臺灣第一個現代舞職業舞團。雲門之名來自於中國古書《呂氏春秋》中的一句話：「黃帝時，大容作雲門，大卷……」也就是傳說中黃帝時代舞蹈的名稱。雲門舞集曾推出多個舞蹈作品，當中包括有薪傳、九歌（舞劇）、家族合唱、流浪者之歌、水月、竹夢、行草等等。

這些薪傳、九歌（舞劇）、家族合唱、流浪者之歌、水月、竹夢、行草等舞蹈作品亦即涵蓋這裡所說的戲劇、舞蹈（視聽著作）著作創新，該創新包含本書所分類的「製作」創新、「宣傳」創新及「延伸」創新，而且所有創新的部分、單獨、整體或部分結合都可能個別受《著作權法》及《專利法》保護。

4. 美術（藝術）著作（Art）

有人定義美術是指讓人直接在視覺上獲得美感的藝術，主要指繪畫和雕塑，也可以指工藝美術和建築藝術，還可以指攝影和與藝術有關的設計，是各種視覺藝術的總稱。所謂廣告藝術是指為商品銷售目的而產生的表現藝術，具有明確目的，在很多限制條件下的創造性的實用藝術形式。亦有人認為美術泛指占有相當特定空間的創作，且具有可視性的藝術。

在本書中的美術（藝術）創新中，美術（藝術）可能有多個片段畫面組成，若該片段畫面完整且具其獨創性，上述的每一段完整的片段畫面將可能受到《著作權法》保護，當然還是要看其

獨創性的程度是否屬於高度或是較低度創作或是公共財。

美術（藝術）創新通常也可作為商品或服務的商標來使用，請注意，這裡的商標可能包含有平面圖案、立體圖案、商品包裝等等美術（藝術）創新，且上述的創新可能可以受《商標法》保護，當然還要看是否已有近似且容易讓人誤認、混淆的商標存在。不過若是這樣，該商標的美術（藝術）創新也同時可能涉及抄襲或改作他人作品的著作權疑慮。

此美術（藝術）創新除了可以受著作權及商標權的保護外，該創新的表達，若是搭配相關軟體、硬體（韌體）的科技，更可以同時受《專利法》保護，而且每一項單一的創新都可能因為其創新的獨立性（單一性）並且具有完整性（可據以實施），而分別受《專利法》的個別保護。

舉例來說：

石雕博物館（Musée Lapidaire d'Avignon）是法國普羅旺斯－阿爾卑斯－藍色海岸大區阿維尼翁的一個博物館，卡爾維博物館的考古分館，1933年成立。它設於共和國街27號，17世紀的耶穌會教堂，1928年6月21日列為歷史古蹟。

石雕博物館館內收藏包括史前、古希臘、伊特魯裡亞、古羅馬和高盧藝術，屬於在本書中的美術（藝術）創新，但是已屬公共財。

舉例來說：

當代臺灣藝術大師，包含李澤藩、黃磊生、胡念祖、陳澄波、陳丹誠、黃啟龍、塗樹根、陳麗雀、黃昭雄、詹阿水、莊佳村及曾璽等名家的水彩、油畫、水墨以及書法作品等，在本書中的「美術（藝術）」創新中，而且大部分作品仍受《著作權法》

保護。請注意，即使改作他人「美術（藝術）」創新，也仍有侵害著作權疑慮。

5. 攝影（Photography）、多媒體（Multimedia）著作

　　有人認為攝影也稱為照相，是指使用某種專門設備進行影像記錄的過程。多媒體是指在電腦應用系統中，組合兩種或兩種以上媒體的一種人機互動式資訊交流和傳播媒體，包含文字、圖片、聲音、動畫和影片。也有人認為攝影是以商品為主要拍攝對象的一種攝影，通過反映商品的形狀、結構、性能、色彩和用途等特點，從而引起顧客的購買。媒體技術是指以數字化為基礎，能夠對多種媒體資訊進行採集、加工。

　　在本書中的攝影、多媒體創新中，包含個別的文字、圖片、照片、聲音（音樂、語音旁白、特殊音效）、動畫和影片，以及程式所提供的互動功能等會衍生出不同且獨立存在的著作權，像是語文著作、音樂著作、戲劇、美術著作、攝影著作、圖形著作、視聽著作、錄音著作以及電腦程式著作。

　　另外，在攝影、多媒體創新中，也有可能同時衍生出不同且獨立存在的商標權，像是以文字、圖形、記號、顏色、立體形狀、動態、全像圖、聲音等，或其聯合所組成。

　　舉例來說：

　　2019年8月5日，日本企業東芝（Toshiba），依據2019年1月施行的英國新《商標法》，東芝成為第一個在英國註冊多媒體動態商標的企業。

圖32 商標UK00003375593

圖片來源：英國 Intellectual Property Office，2022 年 10 月 5 日查詢，https://trademarks.ipo.gov.uk/ipo-tmcase/page/Results/1/UK00003375593。

(五) 祕密（Trade Secret）創新（營業祕密布局）

　　商業祕密也可稱之為營業祕密，俗稱商業機密。是指不為公眾所知、能為權利人帶來利益，包括設計、程式、產品配方、製作方法、製作工藝、管理訣竅、客戶名單或產銷策略等的技術資訊（與技術有關的結構、原料、組分、配方、材料、樣品、樣式、植物新品種繁殖材料、工藝、方法或其步驟、演算法、數

據、計算機程式及其有關文檔等）和營業資訊（與經營活動有關的創意、管理、銷售、財務、計畫、樣本、招投標材料、客戶資訊、數據等資訊）。

在本書中的「祕密」創新中，通常需花費大量的人員、時間以及可能的研究或實驗費用，像是癌症藥物的研發，乃至於後續的動物實驗及人體臨床實驗等等。在祕密創新中，通常可以配合專利申請保護，但請注意，一旦利用專利權保護，該祕密創新勢必會被公開，在這裡的建議，針對祕密創新可以部分申請專利，像是癌症藥物配方及其不同應用或其不同劑型，可以申請不同的專利權保護，但其製程或其特別的「祕密點」則可以利用適當且完善的保密機制或保密措施，來對其營業祕密或稱商業祕密來進行適當的保護，而所謂「祕密點」是界定營業或商業祕密主要的內容和範圍的焦點。「祕密點」可以一直持續保護十年、百年、甚至千年，但是專利權保護最多僅20年（從申請日或是優先權日起算），專利權一旦失效，該祕密點最後會成為公共財。請注意，祕密點若是在市場上被他人逆向破解，該祕密點也會成公共財。通常會把不容易被破解的祕密點用營業或商業祕密保護，其餘祕密點、其可能的應用、可能近似的實施手段或方法，去進行專利保護。

舉例來說：

Mr. J. S. Pemberton於1880年調配出「可口可樂」的飲料配方，但是也同時申請了許多專利。

在本書中提供您可以利用Google Patents（https：//www.google.com/?tbm=pts），再輸入Assignee：可口可樂公司，可以找到多件可口可樂的專利，例如：咖啡可樂飲料組合物、碳酸飲

料配送器、包裝飲料的設備和方法、無菌定量給料系統、飲料分配系統、封蓋元件、具有封蓋元件的飲料分配器、後混合式果汁配製系統以及能通氣的促銷物隔腔等各國專利權的布局。

Chapter **2**

創意

思考要有創意……創意帶來差異……差異帶來市場……市場帶來財富……

創意能學嗎？創意是如何能「取得」？創意過程（Creative Process）是什麼？我是不是從事創意工作？

天生我才必有用，創造性思考在廣告設計中的任務是問題解決（Problem-Solving），創意和廣告的目的是相同的，都是目標導向型（Goal-Directed）的思考，本章主要目的是透過掌握創意思考的過程，輔以廣告創意思考原則，要成為廣告創意人開始思考之鑰。許安琪（2004）提出真正的廣告創意並不是天馬行空、無中生有、一蹴可及的頓悟，而是必須架構在意識行為和策略思考的規範下，由經驗、資料蒐集、觀察而產生，並且常把熟悉的事物陌生化，用新的價值去發揮。

一、廣告設計與創意表現

(一) 廣告設計（Advertisement Design）概念

廣告設計是視覺傳達設計專業裡最典型的一種專業，在二次大戰前，彩色電視尚未發達時，平面廣告設計幾乎都是廣告設計的代名詞，而平面廣告設計幾乎又隨著19世紀石版印刷發明後，海報設計的興起而興起。各種廣告活動的設計包括：報紙廣告、雜誌廣告、電視廣告、直接郵寄廣告（Direct Mail, DM）、包裝設計、店面陳設點廣告（Point of Purchase, POP）及展示活動等。

(二) 廣告策略與創意表現

廣告創意可以區分為抽象創意和形象創意兩種形式。抽象創意是指通過抽象概念的創造性重新組合，以表現廣告的內容；形象創意是指通過具體形象的創造性重新組合，以表現廣告的內容。這種類型的廣告創意是以形象的展現來反映出廣告主題，從而直觀地吸引公眾。

廣告創意表現簡稱廣告表現，是傳遞廣告創意策略的形式整合，即通過各種傳播符號，形象地表述廣告信息，以達到影響消費者購買行為的目的，廣告創意表現的最終形式是廣告作品。廣告創意表現在整個廣告活動中具有重要意義，如下：

1. 它是廣告活動的中心。
2. 它決定了廣告作用的發揮程度。
3. 廣告活動的管理水平最終由廣告表現總和地體現出來。

(三) 廣告創意策略的類型

廣告圖像中，除了文字以外的非語言（Nonverbal）訊息，即是廣告圖像，包含影像、圖片、相片、插圖、標誌、色彩等視覺資訊，或是以商品本身的形象，將產品視覺化，亦即讓畫面說故事，使消費者一目瞭然（蕭湘文，2005）。因此，平面廣告中的圖像就是利用視覺語言來傳達商品的特點。

(四) 廣告創意的圖像表現策略

從結合美的客觀角度，來進行廣告創意的圖文思考，「美」存在於事物本身。雖說「美」並沒有一定的樣貌或準則，但經由各個時代專家們的研究與經驗累積，人們逐漸以「美的形式原

理」為美學的評論標準，提供我們作為設計創作的基礎，更可以幫助我們提升對作品的審美與鑑賞能力。本章將整合廣告創意，包含美的形式原理、圖形創意視覺效果、完形心理學群化原則、文字創意視覺效果四大概念，進而帶領學生學習運用圖文整合構成元素、動態表現創作，及視覺重心與形態之於心理的關係，強化表現廣告創意核心之價值，如圖33所示。

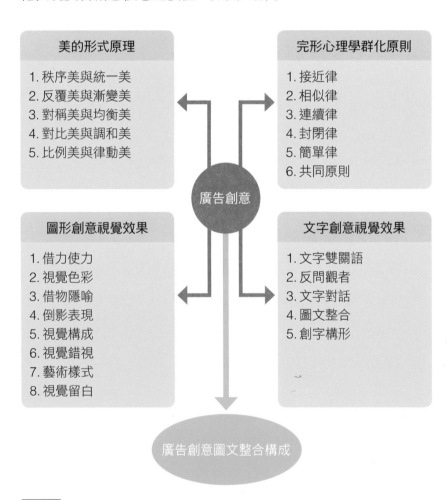

美的形式原理

1. 秩序美與統一美
2. 反覆美與漸變美
3. 對稱美與均衡美
4. 對比美與調和美
5. 比例美與律動美

完形心理學群化原則

1. 接近律
2. 相似律
3. 連續律
4. 封閉律
5. 簡單律
6. 共同原則

廣告創意

圖形創意視覺效果

1. 借力使力
2. 視覺色彩
3. 借物隱喻
4. 倒影表現
5. 視覺構成
6. 視覺錯視
7. 藝術樣式
8. 視覺留白

文字創意視覺效果

1. 文字雙關語
2. 反問觀者
3. 文字對話
4. 圖文整合
5. 創字構形

廣告創意圖文整合構成

圖33 廣告創意圖文整合構成

1. 美的形式原理

美的形式是順應「自然法則」而形成。廣告創意圖像表現，以五大類、十種美的形式原理：秩序美與統一美、反覆美與漸變美、對稱美與均衡美、對比美與調和美、比例美與律動美，提供讀者進行廣告創意圖文構成方法並依其關聯性及對照性區別，詳細介紹個中意義、內容及設計發展構成中的表現方式及其應用。

(1) 秩序美（Order）

是指在視覺上會衍生出一種「井然有序」的美感。只要是符合規律性的結構組織，都能使整體具有秩序美。例如：學校規定學生穿著制服。

(2) 統一美（Unity）

是指將畫面中各種造形元素以共通性的原則，如主調或基調加以統整，使彼此間產生關聯性，並達到和諧、共鳴及互相呼應的整體性視覺美感。例如：男團、女團偶像團體在服裝造型加入統一的視覺元素符號。

(3) 反覆美（Repetition）

是指相同或相似的造形元素規律性的重複出現，就如脈搏跳動一般，會形成秩序的律動感，使整體畫面充滿著生機且明確而清新。例如：數大便是美的視覺張力、日本藝術家草間彌生利用大量的圓點符號反覆排列成為她個人強烈藝術特色。

(4) 漸變美（Gradation）

「漸變」又稱為「漸層」或是「動的旋律」，是指將構成元素的形狀或色彩逐漸改變，且有一定的秩序與規律，形式變化包含「形狀漸變」、「大小漸變」、「色彩漸變」、「位

置漸變」、「方向漸變」和「自然形象的漸變」，將畫面中的形或元素做漸次的變化，並保有一定的秩序與規律性，在視覺上會給人層次清楚、柔順及漸入佳境的感覺。

(5) 對稱美（Symmetry）

是指視覺的畫面中，設一假想中的軸線，在此一假想軸的上下或左右分別放置完全相同的形或元素，能予人平和、安穩及莊重的寧靜感受，又稱為「線對稱」。例如：國劇臉譜、人臉、橋的主體與倒影的攝影作品、中國宮殿。另一種對稱美是以點為中心的類型，「點對稱」又稱為放射對稱，例如：太極、卍字符號。

(6) 均衡美（Balance）

又稱為「平衡」，是指視覺畫面中的兩種力量相互保持平衡，也就是將畫面的構成元素，互相均勻的予以配置而達到安定之狀態，並帶給人一種協調而舒適的感受。

(7) 對比美（Contrast）

是指性質完全相反的元素並置所構成之畫面，因為強烈的對照而產生彼此之間的性格更加顯著，這種強者更強、弱者更弱的效果，除了給人一種極端的緊張感之外，亦能呈現突出、活潑、相得益彰的視覺感受。

① 視覺對比：主要是透過不同物件並列成對比，讓畫面明確的傳達其所要訴求的概念，有對比（正反兩面）、對應（相互對應）兩種。例如：鶴立雞群。

② 大小對比：大小的對比關係為版面要素中極重視的一環，大小差別少，予人感覺平穩溫和；差別大，則帶給人具有鮮明強烈的視覺效果。例如：大人與小孩。

③ 色彩對比：色相、明度與彩度對比。例如：萬綠叢中一

點紅、紅花配綠葉、素描之墨分五色明度對比。

(8) 調和美（Harmony）

是指將性質相似的事物並置一處，由於差距微小，彼此在質與量的方面皆具有秩序及統一的效果，可予人融洽相合、寧靜及舒適柔美的感受。

(9) 比例美（Proportion）

是指當畫面構成要素的大小、長短、輕重的部分與部分之間，或部分與全體間的質與量，達到一定或明確之數的秩序時，將會獲得美的平衡感。例如常見的比例與數列，包含：黃金比例、方根比例、等差數列、等比數列、費波納齊數列、貝魯數列。

(10) 律動美（Rhythm）

又稱為「節奏」或是「律動」，是指畫面構成中的元素富有規則或不規則的反覆及交替作用，或屬於週期性、漸變性的現象，予人輕快、跳躍的感覺，有方向性及速度感的共鳴效果。例如：日本服裝設計師三宅一生的一生摺概念展現出服裝的韻律感、梯田的田園律動美。

2. 圖形創意視覺效果

在平面廣告設計的構成當中，不同的視覺效果能讓我們在生理與心理產生舒服或愉悅的感覺，包含以下八部分：

(1) 借力使力：讓原本耳熟能詳的作品再次重新創作、致敬、戲仿甚至同人，達到廣告創意的趣味效果。

(2) 視覺色彩：藉由色彩三要素（色相、明度、彩度），以平面化色彩對比進行創作。例如：野獸派馬蒂斯作品，以冷色與暖色、樸素與華麗的情感效果，以及透過色彩表現透明感混

色的效果。

(3) 借物隱喻：將兩種不同的物件融合一體，讓人乍看畫面並無發現異樣或有突兀之處，但是仔細觀察卻能發現其中借取物象之處，從中令人解讀新意。包含圖形隱喻與聯想、折紙隱喻、手勢變化隱喻。

(4) 倒影表現：藉由倒影的表現手法，產生廣告趣味，創意表現圖像的內心、正向、反向的意涵。

(5) 視覺構成：點、線、面、體視覺構成，包含實點、虛點組合成面，形成廣告設計圖像、點的面化、線的面化、面的立體化。

(6) 視覺錯視與動感：錯視又稱視覺假象，是指通過幾何排列、視覺成像規律等手段，製作有視覺欺騙成分的圖像進行眼球欺騙，引起視覺上的錯覺，達到藝術或者類似魔術般的效果，包含分割錯位、圖地反轉、多義圖形，及歐普藝術表現出的視覺動感：立體感、空間感、速度感。

(7) 藝術樣式：將藝術樣式的表現技法，包含插畫、漫畫線條、精細、水墨、繪畫，結合電腦繪圖、版面編排達到廣告趣味的藝術表現。

(8) 視覺留白：簡單、明確、傳達訊息，是廣告創作中最想傳達的精神，因為廣告的目的就是令消費者能在瞬間「輕鬆就懂」所要傳達的想法，所以在畫面上也開始運用留白，反而形成其特色之一。

3. 圖文整合構成

(1) 創意構想發展

① 水平與垂直思考法：水平思考法是讓構想寬度、廣度、

多元化的橫向發展；垂直思考法則是深度的直向發展。

② 腦力激盪法：一組人員針對一主題，運用每個人腦力，提供不同見解，在群體中互相啟發想像力與直覺。

③ 自由聯想法：經由演繹的思考，產生與主題具有某種程度的相關答案。

④ 異物結合法：將兩種不相同的事物加以組合，產生新事物或新觀念的方法。

⑤ 變形及誇張法：異於常態的造形，吸引注目的眼光。

(2) 廣告圖文版面構成方式

平面廣告設計的表現手法常因廣告媒體、訴求對象或是產品種類的不同而有所不同，雖然表現手法不盡相同，但構成的要素卻大致相同。無論是報紙、雜誌、海報廣告，都是由一些必然的元素所編排、配置構成的，而這些元素就是平面廣告的構成要素，分為以下幾種：

① 圖形：主要的廣告圖像，包括攝影照片、繪畫、圖案、說明性圖表等；輪廓邊框、商品、商標、企業標誌等。

② 文字：主標題、副標題、引題、標語或口號、說明文、商品名稱、公司名稱等。

③ 色彩（Color）：透過色彩有助於塑造氛圍更可博取注意。如品牌企業之標準色、輔助色產品、圖飾之色彩。

(3) 圖文版面構成方式

① 線條編排方式：

a. 水平線上下分割：水平分割產生視覺平衡感。

b. 垂直線分割：垂直分割產生延伸感。

c. 曲線分割：波浪曲線分割，令畫面更具活潑感。

d. 對角線：連接版面四隅的視線稱為對角線，把主題配

置在這條線上便可以支配整個畫面空間且產生安定
感。

② 三區分割：以上、中、下三段的排列配置，產生較活潑
輕鬆的版面。

③ 斜向分割：利用斜向配置或斜線來分割版面會產生力感
與動感，使版面具生動、活潑之效果。

④ 四隅配置：版面上的四個角落具穩定感，因此能使原來
不太均衡的構成轉變成具有穩定性的畫面。

⑤ 螺旋型：螺旋型即是將圖片由大而小、由外而內，有秩
序的排列配置在畫面上，大幅度的彎曲螺旋形狀，在視
覺上可造成有力的動感。利用此種方式來構成畫面，可
以將觀者的視線誘導至中心點，使畫面中心成為傳達的
重點。

⑥ 圓形型：可以利用在畫面的外圍配置大型的圖片，並在
中央部分配置小型圖片的形式表現，即所謂的向心構圖
法。

4. 圖文版面重心安排凸顯主題

在平面設計的版面編排上，有兩種構成形式，分別為平衡與
偏倚。平衡的構成，能帶來穩定、和諧的心理感受；而偏倚的構
成，能強化注視及增加活動力的效果。不論我們如何安排重心，
最終的目的是能夠凸顯主題，讓整體設計更為搶眼。

(1) 平衡
平衡不僅僅是形式上的對稱，還包含心理上的視覺感受，能
夠達到協調與安定。構成視覺平衡的方法有兩種：一是對稱
平衡、一是非對稱平衡。

① 對稱平衡：
　　a. 線對稱：左右對稱、上下對稱。
　　b. 點對稱：放射對稱、旋轉對稱。
② 非對稱平衡：以形、色彩、質感、位置、視點來平衡。

(2) 偏倚

當重心產生不平均時就會有偏倚現象。偏倚的畫面較能帶來動勢與活力，但也有傾斜與壓力的心理感受。只要違反平衡原則，就會產生偏倚。藉由已在市面上具耳熟能詳、眾所皆知的產品、或是被大眾廣為流傳的話題，將其特性、功能借用在廣告的畫面上，產生一種借力使力之效果。

① 對比、放射、速度、螺旋：有強化性格的作用。
② 漸變、律動：有漸增或漸減等趨於平緩的作用。
③ 平衡、對稱、統一：有穩定情緒、符合秩序的功能。
④ 偏倚、特異：有強調、放大與不安的功能。

5. 完形心理學群化原則

「群化原則」是由德國完形心理學家（Gestalt Psychology）魏特（海）默（M. Wertheimer, 1880～1943）所提出，主要是進行知覺組織原則的探討。群化是指在眾多複雜的構成元素（形態、色彩、材質）並置的畫面中，運用知覺將其分類並重新組織成有意義的造形，使它具備完整的視覺效果。群化原則要將元素群組化必須透過某些條件的連結才能組織成形。其原則分類有下列幾項：

(1) 接近律（Principle of Proximity）

是指當不同的視覺元素如果彼此距離靠近，就容易被視為一個整體，易於組織成形（Group）。因此在「視覺場」中元

素與元素間之距離及空間之配置，將會影響它們知覺上的關聯性。

(2) 相似律（Principle of Similarity）

是指當「視覺場」中的眾多元素彼此間的形狀、尺寸、色彩、屬性、動作、方向、數量或意義十分近似時，這些不同的元素會被視為彼此有所關連，而形成一個整體的概念。

(3) 封閉律（Principle of Closure）

是指當觀賞者面對個人十分熟悉的圖像，一旦圖像的線條或形狀處於接近完成的狀態，有被知覺或記憶成更接近完成的傾向。

(4) 連續律（Principle of Good Continuation）

當人們觀賞圖像中的線條，不論直線或是曲線，即使被少數的元素所干擾阻斷，仍可利用人類的知覺系統整合成連續而不中斷之線條。

(5) 單純性或完整性（Principle of Prägnanz）

是指知覺的組織，總易於傾向「完全狀態」及「良好完形」的特性；而良好的完形具有簡單、節省、規律、穩定、清晰、強力、有意義的特質。即使人的臉部遭破裂，人類觀賞圖形時，為求完整而自然會忽略圖形的被切割破壞，稱之為「單純性或完整性」。

(6) 共同命運律（Common Fate）

共同命運律是指圖形的部分，如果具有良好的外形和共同特性，則會被視為一體。知覺會將具有共同機能或有相關性意義的物件歸類為一體。

6. 文字與廣告創意

　　廣告創意發想可以文字雙關語、文字設計、文字編排、文字對話、文字造形、圖文整合進行，產生趣味化，形成廣告創意。

(1) 文字雙關語：利用文字雙關語，進行廣告創意。例如：臺灣「蕉」傲。

(2) 反問觀者：由於長期受到廣告心理的影響，溝通時必須考慮觀者，因此在創作上常常會使用「反問句」、「？」令觀看這則作品的受眾可以反思。

(3) 文字對話：由於長期受到廣告心理的影響，溝通時必須考慮觀者，因此在廣告創作上往往會運用「文案」與受眾進行溝通與對話，以產生一種互動性進而產生共鳴。

(4) 圖文整合：圖與字的結合應用，產生文字趣味化廣告創意。

(5) 創字構形：運用「巧借筆畫」、「移花接木」、「正反多義」的設計方法，將不同字體藉由拆組、重新文字合成，使之成為一個新的「創字與構形」，呈現出一種「似字非字」、「似圖非圖」的虛擬字體，展現出全新的字體設計風格與字體的個性，使文字的溝通轉化為一種文化藝術代表。

二、形象品牌設計與商標

(一) 商標與標誌設計

1. 標誌（Symbol）的意義

　　標誌是一幅圖案，有特定、明確的造形，也是一種象徵性的視覺語言。它代表一件事物的內容、性質、宗旨、發展及目標。透過造形單純、含義明確、統一標準的視覺符號，將企業的

理念、公司規模、經營內容、產品性質等要素，傳遞給消費大眾，以資認同識別者。具有商業行為的標誌，稱為商標（Trade Mark）。它的價值是權威性的，對內象徵員工的團結和諧與向心力；對外代表公司的形象，具有說明企業、品牌、榮譽、價值、規模、信用性的機能。它的出現時機包括各種廣告媒體和事務用品上等。

2. 商標

商標所指的是企業、品牌、品質與商品，或者其它商業行為所用之標誌。它具有說明企業、品牌、品質，與增加商品信賴感的作用，同時也具有和其它同業或品牌區隔的功能；商標的存在，可以讓消費者對品牌作清楚的辨識。

一般來說商標旁會加註英文字母TM、R或C，其意義如下：

(1) 加TM（Trade Mark）是指商業標誌（註冊商標）。
(2) ®（Right）是指著作所有權；©（Copy Right）是指著作版權，有出版權利。

3. 標誌設計的原則

(1) 因使用的即為公司全名，所以須把公司的名稱隱含在標誌造形裡。
(2) 經營內容與企業理念要溶合在標誌造形裡。
(3) 造形須有美感、易懂、易記。
(4) 造形須有創意、耀眼、凸顯。
(5) 要能取得註冊，以便受《著作權法》的保護。

4. 標誌設計的要求

(1) 要能傳達企業精神及企業特色。

(2) 具備豐富企業內涵及深層意義。

(3) 具強烈的識別性與記憶性。

(4) 造形上力求單純、簡潔、有力。

(5) 具備優美設計感。

5. 標誌設計的簡潔原則

一個良好的標誌設計，要使人看了之後，便能產生愉快的視覺與深刻的印象，往往要包括下列之條件：

(1) 容易認知和記憶。

(2) 現代化且明確表現企業之意念與性格。

(3) 適合任何一種廣告媒體——放大、縮小均能明視。

(4) 沒有不快、不潔、陰森之感。

(5) 順應習俗與法規。

(6) 其他公司尚未採用。

6. 標誌的分類

(1) 主題素材分類：文字標誌與圖形標誌，其中又可以分為中英文、全名、字首、具象、抽象圖案。

(2) 標誌設計的形式：根據林磐聳（1985）《企業識別系統》一書中提及標誌的分類，如下：

① 主題素材分類：文字標誌與圖形標誌，其中又可以分為中英文、全名、字首、具象、抽象圖案。

② 標誌設計的型式：a.～d.項屬文字標誌；e.～h.項屬圖形標誌。

　a. 以企業、品牌名稱為題材，例如：Canon。

　b. 以企業、品牌名稱的字首為題材，例如：味全取「五味俱全」之意，將五個圈圈排成W。

c. 以企業、品牌名稱與其字首組合為題材，例如：麥當勞M＋McDonald's。

d. 以企業、品牌名稱或字首與圖案組合為題材，例如：義美。

e. 以企業文化、經營理念為題材，例如：信義房屋。

f. 以企業、品牌名稱的含義為題材，例如：寶島鐘錶。

g. 以企業經營內容、產品造形為題材，例如：米其林輪胎。

h. 以企業、品牌的傳統歷史或地域環境為題材，例如：肯德基上校變成肯德基廚師。

(3) 世界性活動標誌：1960年代以來，歷屆奧林匹克運動會世界性活動標誌、海報和吉祥物總表，可以感受到奧運標誌、吉祥物在不同時期的圖像設計特質。

(二) 商標與廣告創意

廣告創意與商標的關係，可以從商標可以保護的型態來談起，如下：

1. 傳統商標（平面商標）

以平面形式呈現之「文字、圖形、記號，或其聯合式」等具有識別商品或服務來源的標識。

(1) 文字：泛指可辨識的各種語言文字及字母，包括有意義及無意義的文字或詞彙等。

廣告創意與文字的關係可以分別從文字的涵義、文字的讀音以及文字的外觀（顏色）、字形變化，來增加該商品或服務的廣告創意強度。但是近似的文字涵義、近似讀音或是近似

文字外觀，要注意是否可能侵犯到他人的著作權或是商標權。本書建議文字的涵義及文字的讀音可以使用公共財，像是唐詩三百首的詞句或是盡量找尋無意義的文字或詞彙，避免近似商品或近似服務可能侵權（著作權或商標權）的疑慮。

舉例來說：

「朕知道了」楷書紙膠帶，雖然是故宮在2013年7月所推出的文創商品，但是該「朕知道了」是屬於清朝文字，已屬於公共財。仍要注意，若是故宮將該「朕知道了」改作，進而延伸改作著作權，該改作著作權亦受《著作權法》保護。

圖34　清康熙 朕知道了紙膠帶

圖片來源：故宮精品網路商城，https://www.npmshops.com/mainssl/modules/MySpace/PrdInfo.php?sn=npmshops&pc=1302000040973&lang&sid=banr20141208。

(2) 圖形：泛指由點、線、面集合成的圖樣。

廣告創意與圖形的關係可以分別利用像是人物、動物、植物、器物、自然景觀或幾何圖形等，甚至將該圖形之設色為彩色或墨色，來增加該商品或服務的廣告創意強度。但近似的文字涵義或是近似圖形要注意是否可能侵犯到他人的著作權或是商標權。本書建議圖形可以使用公共財，像是古代名畫或是盡量能證明該圖形的原創性或是確認已授權的圖形，避免近似商品或近似服務可能侵權（著作權或商標權）的疑慮。請注意，前述的「能證明該圖形的原創性」，指的是要避免接觸他人著作，避免延伸抄襲或改作著作的侵權疑慮。本書建議可以利用公共財的著作來進行改作，進而增加顧客對於該商品或服務的廣告創意「似曾相識」，此舉有助於顧客對於該商品或服務的廣告創意的「熟悉度」。

舉例來說：

梵谷（Vincent Van Gogh, 1853～1890）或是畢卡索（Pablo Ruiz Picasso, 1881～1973）的名畫，像是利用梵谷知名的作品星夜進行改作；像是加上前述的文字創意或是圖形創意。

圖35　The Starry Night

圖片來源：現代藝術博物館，2022 年 10 月 7 日查詢，https://www.moma.org/。

(3) 記號：泛指一切標記或象徵的符號。

　　廣告創意與記號的關係可以分別從像是＋、－、×、÷、%、音樂符號、數字或特殊符號等所構成，來增加該商品或服務的廣告創意強度。本書建議也可以利用像是交通標誌、路牌或是公共建設的記號、標誌（已屬於公共財）來進行改作，以增加顧客對於該商品或服務的廣告創意「熟悉度」。另外，若是改作的作品有達到一定程度獨創性或原創性，仍受《著作權法》保護。

舉例來說：

按照《著作權法》規定，下列各款不得為著作權之標的：

一、憲法、法律、命令或公文。

二、中央或地方機關就前款著作作成之翻譯物或編輯物。

三、標語及通用之符號、名詞、公式、數表、表格、簿冊或
　　時曆。

四、單純為傳達事實之新聞報導所作成之語文著作。

五、依法令舉行之各類考試試題及其備用試題。

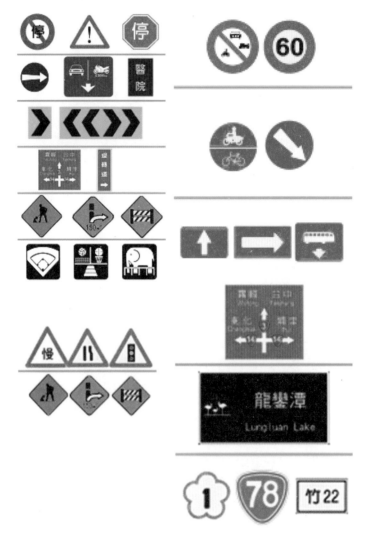

圖36　認識交通標誌

圖片來源：交通安全入口網，2022 年 10 月 7 日查詢，https://168.motc.gov.tw/。

(4) 顏色：指由單一顏色或二種以上的顏色組合標識。

廣告創意與顏色的關係可以是單純的顏色，如紅色、橙色、黃色、綠色、藍色或紫色；或是利用顏色組合作為識別，如對比、互補顏色；或是利用色盤調色，如漸層顏色變化。對比、互補顏色像是紅配綠或是黑白配；漸層顏色變化像是常見黃昏夕陽的雲層漸層顏色，且上述顏色或配色是不含特定形狀的圖形外觀，可以使用於商品或其包裝、容器或服務的裝潢設計外觀的全部或一部分，但是該顏色或配色必須可以讓顧客藉以區別不同商品或服務來源者，且該顏色或配色經過長期使用達到一定知名或著名程度，則可利用後天識別性來進行商標權申請及商標權保護。

互補色或補色是指某兩種特定的顏色，在繪畫美術、色彩或是光學系統中，該顏色與其互補色混合後將呈現特定效果。最常見的四種主要的互補色為：白色與黑色、紅色與綠色、黃色與紫色及藍色與黃色。

舉例來說：
超商龍頭「7-ELEVEn」的顏色商標權保護。

圖37　7-ELEVEN顏色商標

圖片來源：自由時報，2017/03/02，2022 年 10 月 7 日查詢，https://news.ltn.com.tw/news/world/paper/1082390。

(5) 立體：泛指具有長、寬、高三度空間的立體形狀。

廣告創意與立體的關係可能的態樣，包括商品本身之形狀、商品包裝容器之形狀、立體形狀標識（商品或商品包裝容器以外之立體形狀）、服務場所之裝潢設計等，且這裡的立體可能依照其本身特質而同時受商標權、著作權或專利權保護，像是該立體可作為商品或服務的來源表示（商標權保護），或是該立體屬於藝術作品（著作權保護），或是該立體具有新穎視覺效果（設計專利權保護）或是創新的功能性（發明或新型專利權保護）。

舉例來說：

一立體小金魚茶袋的新型專利，其係為一袋體，至少由對稱之兩側面所構成之立體中空構造，且包含一撈網，該撈網內部形成之中空結構亦可放置茶葉，此茶袋具有魚類形像之外

觀，配合撈網使用，可營造撈魚之意象及樂趣。

申請日	20100809
公告日	20110601
申請號	TW099215234
公告號	TWM404836U
證書號	M404836

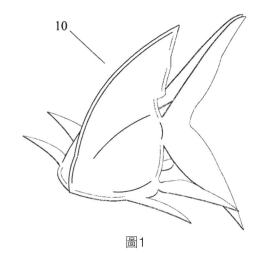

圖1

圖38　中華民國專利M404836圖式

圖片來源：中華民國專利資訊檢索系統，2022 年 10 月 7 日查詢，https://twpat1.tipo.gov.tw。

請注意，這裡的立體小金魚茶袋同時也可能藉由立體商標的申請及其商標權保護。

(6) 動態：泛指連續變化的動態影像。
廣告創意與動態影像的關係，該動態影像本身通常已具備展

示其商品或服務的功能，且該動態影像所產生整體的商業印象，通常可以讓顧客認識其商品或服務，進而區分及確認其商品或服務的來源。這裡的動態影像可藉由動態商標來進行申請及保護，此外，該動態影像也可以同時用著作權來保護，再者，動態影像的呈現方式也屬於設計專利的保護範疇。

這裡指的設計專利，依照《專利法》規定，設計專利——設計，指對物品之全部或部分之形狀、花紋、色彩或其結合，透過視覺訴求之創作；應用於物品之電腦圖像及圖形化使用者介面，亦得依《專利法》申請設計專利。

請注意，圖像設計是《專利法》所指「應用於物品之電腦圖像（Computer-Generated Icons）及圖形化使用者介面設計（Graphical User Interface, GUI）」之簡稱。電腦圖像及圖形化使用者介面是指一種藉由電子、電腦或其他資訊產品產生，並透過該產品之顯示裝置所顯現的虛擬圖形介面，該介面為人與機器或設備之間的工具，人類可透過該介面以視覺方式接收資訊，或是透過該介面控制機器或設備。一般來說，電腦圖像是指單一的圖像單元，圖形化使用者介面則可由數個圖像單元及其背景所構成之整體畫面。由於圖像設計是一種透過顯示裝置顯現而暫時存在的「花紋」或「花紋與色彩結合」的外觀創作，因此，其必須應用於物品則可符合設計之定義而可申請設計專利，但不能僅以圖案或圖形本身申請設計專利。

舉例來說：
宏達國際電子，簡稱宏達電或HTC，為源自臺灣的跨國消費

性電子產品公司，成立於1997年，以研發與製造智慧型手機與虛擬實境裝置為主要業務，為全球第二大VR頭戴顯示器製造商。該公司將使用者的圖形介面所呈現的動態影像申請美國設計專利，如下：

Assignee：HTC Corporation (Taoyuan County, TW)

Appl. No.：D/337,596

Filed：May 26, 2009

(7) 全像圖：亦稱雷射圖或全息圖（Hologram）。

廣告創意與全像圖的關係，全像圖是利用在一張底片上同時儲存多張影像的技術（全像術），而呈現出立體影像，可以是數個畫面，或只是一個畫面，依觀察角度不同，並有虹彩變化的情形。全像圖常用於紙鈔、信用卡或其他具價值產品的安全防偽，也可能被利用於商品包裝或裝飾。這裡的全像圖可以用立體商標、著作權或是設計專利來進行保護。這裡的全像圖立體商標是指以全像圖作為標識的情形，而且該全像圖本身已具備指示商品或服務來源的功能。另外，如何呈現全像圖的方法或系統，可以利用發明專利或該發明的設備，亦可同時用新型專利來進行保護。

舉例來說：

鴻海精密工業，簡稱鴻海精密、鴻海，是臺灣一家電子製造公司，也是鴻海科技集團的核心企業，由郭台銘於1974年創立。該公司申請有關全像圖呈現的發明專利，如下：

一種全息顯示裝置，包括：顯示模組，用於出射第一光，第一光包括第一顏色光及第二顏色光；繞射模組，用於以第一繞射效率繞射第一光中的第一顏色光，以第二繞射效率繞射

第一光中的第二顏色光。第一顏色光及第二顏色光經繞射模組繞射後混合作為第二光出射，第二光用於生成全息圖像。顯示模組以相同灰階值出射第一顏色光及第二顏色光時，第一顏色光與第二顏色光的發光強度的比值和第一繞射效率與第二繞射效率的比值成反比，以使得第二光中的第一顏色光與第二顏色光的發光強度相同。

(8) 聲音：單純以聲音本身作為標識的情形。

廣告創意與聲音的關係，該聲音係以聽覺作為區別商品或服務來源的方法，聲音可以是音樂性質的，例如一段樂曲或一段歌曲；也可能是非音樂性質的聲音，例如人聲所為的口白或獅子的吼叫聲，而該聲音本身已具備指示商品或服務來源的功能。這裡的聲音可以同時用聲音商標或是著作權，另外，該聲音的產生方法也可以利用發明專利來保護。再者，該發明專利的設備亦可同時用發明或是新型專利來進行保護。

舉例來說：

騰訊控股有限公司，簡稱騰訊，是中國一家跨國企業控股公司，為中國大陸規模最大的網際網路公司，1998年11月由馬化騰、張志東、陳一丹、許晨曄、曾李青5位創始人共同創立。該公司申請QQ（多平臺即時通信軟體）提示音6個連續嘀聲音註冊為商標，獲得北京市高院對此案支持，認定騰訊公司申請的6個連續嘀聲音具有顯著性，因而支持QQ提示音註冊商標。這也是聲音商標案件於中國大陸《商標法》領域，經司法判決的首例。

2. 非傳統商標

　　任何足以識別商品或服務來源之標識皆可為商標保護之客體，非傳統商標自不以顏色、立體形狀、動態、全像圖、聲音商標為限，其他依嗅覺、觸覺、味覺等可感知之標識，在符合《商標法》識別性規定時，皆有可能申請註冊商標，進而受到商標之保護。惟前提是商標保護仍應以清楚、明確、完整、客觀、持久及易於理解的方式呈現。

(1) 嗅覺或氣味

　　廣告創意與嗅覺的關係，嗅覺在廣告創意中，由於進入21世紀，商業活動日益蓬勃，通傳媒體及廣告設計日新月異，傳統廣告創意的限定型態開始不敷實際交易市場所需，且傳統廣告方式也已逐漸飽和，許多企業持續創新求變，不斷推出不同型態組合的公司品牌（Brand Maintenance）來強化其商品或服務的行銷利器。業界也逐漸從視覺感知的圈地踏入更刺激人類各種感官的領域，廣告界、行銷界更是迎來了多感官體驗的新時代。感官轉變（Sensory Makeover）戰略，主張卓越的品牌應當在消費者的心中烙下感官印記（Sensory Signature），感官行銷（Sensory Marketing）是關注如何科學地理解「感官獲得的感覺和知覺與消費者行為之間的關係」。

　　這裡的感官行銷是指融入消費者的五種感官體驗（觸、視、味、嗅、聽）並影響消費者的感知、判斷和行為的行銷方式。目前商業實踐中最大的問題，主要集中在氣味、氣體如何保存、投放，並宣傳。最關鍵的是，對於氣味商標而言，氣味難以借助一般商業廣告或傳統媒體進行遠距巨量傳送，

因而阻礙了氣味商標通過大量使用取得後天顯著性。可以預見，氣味商標的商業布局將伴隨著感官行銷學的範式移轉，與感官轉變、感官印記戰略緊密相連，有賴將來的實踐發展。另外，氣味的特殊配方也可以同時利用發明專利來加以保護。目前氣味除了用商標權及專利權同時加以保護外，著作權僅法國對於香水部分接受其保護。

舉例來說：

1990年美國專利商標局核准Clarke公司的一款用於紡線的梔子花香味（Plumeria Blossom-Scented Embroidery Thread）；美國註冊號1639128，但1997年因未續展而失效，成為全球史上首個氣味商標的註冊案例。

在re Clarke, 17 USPQ2d 1238（TTAB1990）案（下稱Clarke案）中，美國商標初審上訴委員會（TTAB）認為Clarke公司生產帶有花香味的紡線在當時市場上只有該公司生產供應，而Clarke公司也能證明消費者聞到該紡線時可以聯想到商品是由Clarke所製造，TTAB認為這些事例足夠作為該商品取得第二意義的證據。但TTAB也強調，並非任何帶有香味的產品都可以表彰商品的來源，比如香水、古龍水、家庭清潔、沐浴用品等，這些氣味都是上述產品發揮其自身功能時所具有的特徵，因此不准註冊。最後，TTAB認為氣味與商品之間必須具有「特殊的或獨特的關聯性」（Unique Relationship），而非功能性的關聯，並且能夠獲得消費者認同而取得第二意義，才可以註冊為商標。綜上可知，美國專利商標局的審查標準，重點在於某商標是否能借助大量的使用事證通過功能性標準，以取得後天顯著性。

(2) 觸覺

　　廣告創意與觸覺的關係，觸覺在其廣告創意中，係指商品表面的觸感具有特殊性，消費者可經由觸摸其表面而得知產品之來源，藉此對於商品或服務的識別，進而有機會藉由觸覺認識其商標或服務特質。觸覺可以藉由觸覺商標來加以保護，觸覺商標除須符合識別性要求外，同時必須符合非功能性的要件，才能註冊成為商標，具體來說，觸覺商標不可以保護具有影響成本或用途的目的。

　　觸覺商標顧名思義就是商品本身或包裝表面觸感具有識別性，消費者可以藉由觸摸表面分辨商品來源。由於觸覺商標有別於其他圖文商標，並非由視覺感知，無法用圖文表示其觸覺特性。觸覺商標是指通過質地平整光潔程度區別商品或服務來源的商標。例如企業在名片、信封、公司簡介、包裝袋甚至大廳接待桌面、員工服裝上使用特殊的材料，以達到與眾不同的效果。如果符合顯著性及非功能性的要件，是可以作為觸覺商標取得註冊的，不過國際上成功註冊的案例非常有限。另外，觸覺的效果產生方法及其相關設備，同時也可以發明專利或新型專利來保護。再者，商品本身或包裝表面觸感的視覺設計，也有機會利用設計專利來加以保護其「視覺」效果。

舉例來說：

美國知名品牌路易士威登（LV）在1996年透過觸覺商標第2263903號來保護其高級產品線中具有獨特觸感表面的手工製作行李或皮包。同樣的在1996年美國時尚品牌Dooney & Bourke亦提供使用證據以申請觸覺商標來保護其具有鵝卵石

紋表面的手提包，並取得美國第2252278號和第2252280號
註冊商標。在國際組織方面，2006年11月，國際商標協會
INTA的主席委員會通過在適當的情形下，支持擴大承認保
護觸覺商標的註冊，此舉措係公開承認觸覺商標具有來源識
別功能。

表2 美國第2263903號商標和美國第2252278號、第2252280
號商標比較

美國第2263903號商標	美國第2252278號、第2252280號商標
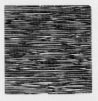該商標由特徵鮮明的人造紋理圖案應用於申請者的各種產品的表面。	申請人：Dooney & Bourke, Inc. Dooney & Bourke為一美國時尚品牌，以「鵝卵石顆粒紋理」申請觸覺商標，並取得美國第2252278號和第2252280號商標。

表格內圖片來源：United States Patent and Trademark Office，2022 年 10 月 12 日
查詢，https://www.uspto.gov/trademarks/search。

(3) 味覺或味道

廣告創意與味覺的關係，味覺或味道在廣告創意中，從人類
感官當中，該味道的記憶是具有最強烈的影響，該味道遠比
聲音或影像較能喚起人類的記憶。味道是一個令人難以置信
的強大行銷工具，世界上已知的100,000種味道，約有1,000
種被列入主要的味道及其無數味道組合，每一種都具有潛在
影響人的心情和行為。該味道在法國、英國、美國有可能利
用味道商標來加以保護。另外，該味道的產生及保存或其運

用的技術也可以利用發明及新型專利來保護。

舉例來說：

玩具巨頭孩之寶公司（Hasbro, Inc.）針對旗下品牌培樂多（Play-Doh），於2017年2月14日向美國專利商標局（USPTO）提交，2018年2月27日，該商標獲得公告。孩之寶公司在該商標申請中描述，這件氣味商標是「一種甜甜的、略帶麝香味、像香草味的香味，帶有輕微的櫻桃味以及鹹味小麥麵團的天然氣味」的獨特氣味。申請書上載明此商標的商品類別為：橡皮泥材料。該橡皮泥散發的味道一直具有顯著性，孩子們一聞到這個味道就能辨別出它來自培樂多，這次申請會「強化」普通法（Common-Law）賦予味道商標的權利，讓「象徵性」的味道商標變得更有實際操作性。

這裡的品牌培樂多是一種被用於幼兒在家庭和學校的工藝學習之塑形用黏土。該黏土是由麵粉、水、鹽、硼酸和礦物油組成。

(4) 手勢（動態商標）

廣告創意與手勢的關係，在廣告創意中，手勢是人類表達溝通最基本的方式，手勢或稱手臂姿勢，它是人類最早使用的、持續被廣泛運用的一種交際工具。手勢可以包含了特定手部動作或肢體動作的表達釋放，來作為表彰商品或服務來源，例如交通警察指揮交通之手勢、儀隊表演之手勢、發誓之手勢、擠眉弄眼暗示各種資訊，佛教的各種手勢更代表佛像的不同身分，表示佛教的各種教義，含義極為豐富，是指人類用語言中樞建立起來的一套用手掌和手指位置、形狀的

特定語言系統。在長期的社會實踐過程中，手勢被賦予了種種特定的含義，具有豐富的表現力，加上手有指、腕、肘、肩等關節，活動幅度大，具有高度的靈活性，手勢便成了人類表情達意最有力的手段，在體態語言中占有最重要的地位。其中包括通用的，如聾啞人使用的手語。另外，手勢可以用動態商標來保護。再者，隨著科技的進步，利用科技設備來呈現手勢，該呈現方式或其特殊呈現的設備同時可以利用發明或新型專利來加以保護。

舉例來說：

手勢可以利用動態商標來進行保護，但是手勢商標權較難被取得，主要原因在於手勢的呈現較難認定其識別性。通常會經過長期且大量宣傳，讓大眾很容易一看到該手勢，立即聯想到該商品或服務的出處，像是歐洲核准的手勢動態商標，如下：

表3	手勢（動態商標）案例	
比荷盧商標註冊	**英國商標註冊**	
商標權人：Mars B.V. 説明：包含2個圖像，以食指及中指作剪刀狀連續開合之動作申請商標，使用於咖啡、巧克力、糖果等商品。	商標權人：Nationwide Building Society 説明：英國商標註冊第2012603號，以將手指放在鼻子上的姿勢申請商標，使用於抵押、投資和養老金服務；提供社會建造服務。	
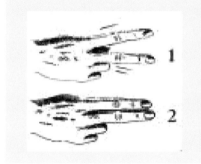		

資料來源：Intellectual Property Office - GOV.UK.，2022 年 10 月 13 日查詢，https://trademarks.ipo.gov.uk/ipo-tmcase。

三、商品創意與設計

　　商品創意與設計包含了造形的形態、色彩、材質，是設計師在設計商品造形首先需要知道的三大重點，一個好的商品設計結合創意，才能為其創造商品獨特與賣點，然而商品的領域包羅萬象，本文先以說明商品設計的領域、商品的創意與思考技巧切入，及商品設計的方法程序如何進行，以提供想學習商品創意與設計的讀者參考。

(一) 商品設計的領域與創意技巧

1.「商品設計」的領域

根據林品章（1996）〈商業設計〉一文針對設計的六分類法，提到商品設計的分類包含：通信器材、辦公桌椅、電腦器材、玩具、家具、生活用品、交通工具、園藝用具、健康器材。楊清田等編著（2020）《設計概論》中簡易整理商品設計的領域，劃分成：消費性產品、商業與服務業的設備、耐用性物品及交通工具等四個類屬，本文商品設計依據此四分類進行創意思考技巧的探討。

2. 商品創意思考與創意技巧

設計的過程就是問題解決的歷程，而產生創意的趣味點就是獨特商品的賣點。設計具有創造的意義，透過創造性思考而產生的新創意想法，也會帶來新的商業價值。然而如何透過設計思考的過程中產生源源不絕的商品創意商機？商品的創意尤其重要的是其可執行性、可被量產，就如同現代主義學者蘇利文提出「形隨機能而生」，造形隨著機能性而產生，愈具有創意的商品設計，愈需要思考商品的量產化、標準化、規格化、統一化，清楚的步驟說明；然而後現在主義學者提出「形隨趣味而生」，則是他們著重的。認為設計必須有其獨特化、個性化，學者們提供的眾多創意思考方法，如：腦力激盪法、水平思考法、垂直思考法、5W2H法、暗箱法和明箱法，筆者認為在進行商品創意思考，都必須加以考慮應用，因此商品設計的方法程序相對變得重要。在進行商品創意思考，可相互應用進行調整，才能達到商品的最高創意經濟價值。

(二) 商品設計的方法程序

　　商品設計不同於一般造形，需要具有嚴謹的目的性，每一件設計的完成或產出，即意味解決了一項問題，設計師與業主共同討論商品設計的目的性，進行市場調查與分析，找出商品定位及商品特色；在視覺設計創意概念思考，進行形態、色彩、材質的商品實驗執行階段，針對每一次的創意實驗進行修正，產生更可執行量化的獨特性創意商品。楊清田等編著（2020）《設計概論》中引用日本學者石川弘於1993年所指出工業設計（Industrial Design）的方法，可由四大設計執行階段來著手：計畫階段、意念構成階段、提出階段及施行階段；而古賀唯夫於1997年更進一步將產品設計的過程歸納為三大階段：分析階段、創造階段及實踐階段。

　　綜上所述，筆者認為好的商品創意思考，嚴謹的規劃流程尤為重要，每一次的商品設計都是解決一個問題；同時，在進行商品的創意思考，也要注意永續發展的環保課題。

(三) 商品創意與設計專利

　　商品創意與設計專利的設計保護標的。

　　從設計專利法規來看：

　　依《專利法》對於設計之定義，設計專利所保護之標的大致包含：物品之全部設計（或稱為整體設計）、物品之部分設計（或稱為部分設計）及應用於物品之電腦圖像及圖形化使用者介面設計（或稱為圖像設計）。另外，設計專利可以是成組物品之設計（或稱為成組設計）及衍生設計。再者，設計專利申請的態樣或特殊申請態樣，更可以是針對該物品的形狀、花紋、色彩或其結合。

本書在這裡將以設計專利的申請態樣形式來講述商品創意，如下：

1. 商品創意與整體設計

商品創意與整體設計的關係，整體設計係以物品之全部外觀來進行設計，該設計整體外觀通常具有一定的新穎性或是亮點。

舉例來說：

美國蘋果公司於2007年1月5日向美國申請電子裝置的整體設計，並於2008年11月11日取得美國設計專利。

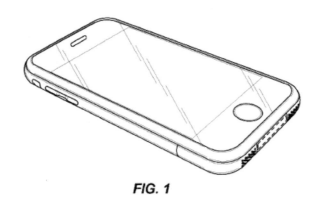

FIG. 1

圖39　美國專利US D580387S

圖片來源：United States Patent and Trademark Office，2022 年 10 月 13 日查詢，
https://ppubs.uspto.gov/pubwebapp/。

2. 商品創意與部分設計

商品創意與部分設計的關係，「部分設計」顧名思義係以物品之部分外觀來進行設計。該部分設計從整體看起來可能與其他近似或相同商品雷同，但針對該商品部分設計處仍應具有一定程度的創新性。

舉例來說：

美國蘋果公司於2021年2月5日在中華民國申請部分設計專利（證書號D216349），電子裝置之保護殼（CASE FOR AN ELECTRONIC DEVICE）。

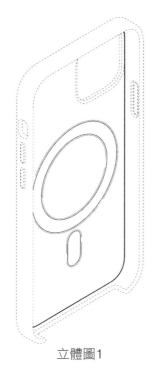

立體圖1

圖40　中華民國專利D216349圖式

圖片來源：中華民國專利資訊檢索系統，2022 年 10 月 13 日查詢，https://twpat.tipo.gov.tw。

　　該設計係用於電子裝置的保護殼，所述電子裝置諸如為攜帶型通信裝置、攜帶型多媒體裝置、攜帶型資訊終端機、行動電話或智慧型電話。其圖式所揭露之虛線部分，為本案不主張設計之部分，僅針對實線部分主張其創新性或其亮點。

3. 商品創意與圖像設計

　　商品創意與圖像設計關係，這裡的商品創意通常是在利用科技在數位內容中所呈現的圖像設計或是實體商品中外觀包裝或實體商品本身上的圖像設計。另外，圖像設計本身也可以同時作為商標或是著作權保護，但是，這裡的圖像設計不能僅以圖案或圖形本身申請設計專利，該圖像設計必須應用於物品或商品，才能將此物品或商品連同該圖像設計利用設計專利來進行保護。另外，電腦圖像是指單一的圖像單元，圖形化使用者介面則可由數個圖像單元及其背景所構成之整體畫面。由於圖像設計是一種透過顯示裝置顯現而暫時存在的「花紋」或「花紋與色彩結合」的外觀創作，因此，其必須應用於物品、商品或是投射於空氣中的圖像或VR、AR圖像等，則可符合設計之定義而可申請設計專利，但不能僅以圖案或圖形本身申請設計專利。

　　舉例來說：

　　韓國三星電子，是韓國三星集團旗下的子公司，韓國最大的消費電子產品及電子元件製造商，亦是全球最大的資訊科技公司，於2013年5月14日申請美國設計專利（證書號D736251），主要是針對其電腦圖像，呈現出3D舞臺實境的視覺效果，如下：

圖41 美國專利D736251圖式

圖片來源：United States Patent and Trademark Office，2022 年 10 月 13 日查詢，
https://ppubs.uspto.gov/pubwebapp/。

4. 商品創意與成組設計

商品創意與成組設計關係，這裡的商品創意可以利用商品特質進行其成組設計，所謂成組設計，係指對於二個以上之物品，其是屬於同一類別，且習慣上以成組物品販賣或使用者，像是「一組餐桌椅」。這裡的成組設計可以利用設計專利進行保護，且該成組設計可以僅需申請在同一件設計專利中，也可以依照智慧財產權實際保護的策略及需求而拆分申請設計專利或是針對功能性申請發明或是新型專利。

舉例來說：

東南科技大學是位於新北市深坑區的一所私立科技大學，於1970年8月創立，2020年7月1日申請中華民國設計專利（證書號D209778），如下：

該設計專利係針對一組茶具之外觀設計，主要為將各款品茶用具逐層疊放後可方便攜帶的茶具組。該創作茶具組，將分裝壺

置放於能容置茶葉之茶盒上；蓋杯蓋置放於蓋杯上；蓋杯置放於分裝壺上方，形成如壺蓋；茶杯可置放於分裝壺內部。經由上述收納方便攜帶，且本創作外型整體線條如一體成型結構，其曲線、弧線之柔順線條構成，將柔順線條構成外形中，仍能涵蓋有對稱之工整構形。

立體圖（代表圖）

圖42　中華民國專利D209778圖式

圖片來源：中華民國專利資訊檢索系統，2022 年 10 月 13 日查詢，https://twpat.tipo.gov.tw。

5. 商品創意與衍生（改良）設計

商品創意與衍生設計關係，這裡的商品創意可以利用現有市場的商品或服務進行衍生設計，藉此可以解決客戶現有痛點或是提供現有商品或服務更多的附加價值。但是，請注意，在他人或自己現有商品或服務進行衍生設計或是改良設計，本書建議在準

備開始衍生或改良設計前，專利檢索會是相當重要的課題，該檢索除了設計專利（外觀視覺）檢索外，針對功能性的發明或新型專利檢索也同樣重要，藉此，避免未來不必要的專利侵權疑慮！

　　針對自己現有商品或服務的衍生設計要注意法規相關規定，其中，包含相關主張、期限規定或針對他人改良設計，要注意本書前面所提到的專利迴避，且確認該迴避或是確認前案專利授權的可能性或是可行性後，則可以再將該衍生設計或改良設計進行本書前面所提到的專利再布局，藉此，讓該衍生設計或改良設計得以利用設計專利、發明專利或是新型專利同時進行保護，保護過程中，甚至可以與前案專利權利人進行交互授權，或是任何合作，像是幫前案專利權人針對該商品或服務的衍生或改良設計的部分進行該商品或服務加值代工。

　　請注意，有關前述衍生設計的定義，在相關法規中，判斷是否符合衍生設計之定義，係就同一申請人所申請之衍生設計及其原設計之申請專利之設計為比對範圍，而據以判斷該衍生設計申請案是否近似於原設計申請案。申請專利之設計近似的判斷，包括三種態樣：

(1) 近似之外觀應用於相同之物品。
(2) 相同之外觀應用於近似之物品。
(3) 近似之外觀應用於近似之物品。

　　舉例來說：

　　皇家飛利浦，全稱荷蘭皇家飛利浦公司，簡稱飛利浦，是荷蘭的跨國電子公司，總部設在阿姆斯特丹。由赫拉德・飛利浦和父親弗雷德里克・飛利浦於1891年在荷蘭安多芬創建。飛利浦公司產品種類相當多元，這裡僅以電動刮鬍刀的衍生設計為例子，

如下：

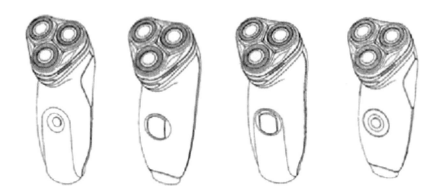

圖43 中國大陸專利申請號953180956、953180905、
953180964、953180999圖式

圖片來源：中國國家知識產權局，2022年10月13日查詢，https://www.cnipa.
gov.cn。

6. 商品創意與形狀設計

　　商品創意與形狀設計關係，這裡的商品創意可以利用現有市
場的其他不同商品或不同產業服務來進行形狀設計或轉化，這裡
的形狀設計可以是商品、物品或是元宇宙（虛擬空間）所呈現三
度空間之輪廓或形態。

　　若是按照《專利法》規定有關設計專利保護的形狀設計，僅
保護物品本身之形狀，並不包括物品轉化成其他用途之形狀，像
是以販賣展示效果為目的而將毛巾挽成蛋糕之形狀，設計專利保
護的是其商品、物品或元宇宙（虛擬空間）的視覺效果，對其功
能並不保護，該功能性的保護，本書建議可以同時用發明或新型
專利來加以保護。

　　在這裡提到蛋糕形狀的毛巾案例，若申請設計專利，其物品

用途應該強調在於裝飾用途而非毛巾本身之用途，且應以「飾品」或「毛巾飾品」之物品提出設計專利。

舉例來說：

商品創意利用形狀設計，像是美國專利商標局在2009年3月17日核准外觀設計專利（證書號D588408），有關於燈泡形狀的飲料容器，如下：

图44　美國專利D588408圖式

圖片來源：United States Patent and Trademark Office，2022 年 10 月 13 日查詢，
https://ppubs.uspto.gov/pubwebapp/。

7. 商品創意與花紋設計

商品創意與花紋設計關係，這裡的商品創意可以利用現有藝術品花紋（須注意著作權授權問題）或直接引用公共財，像是引用青花瓷的花紋，這裡的青花瓷，常簡稱青花，是源於中國大陸且遍行世界的一種白地藍花的高溫釉下彩瓷器，該花紋設計也運用於商品創意。

另外，運用商品或物品表面所包含文字，若是該文字可被視為花紋之構成要素，也可以運用於商品創意，且該文字花紋設計同時可以利用設計專利來加以保護。請注意，其所保護之內容是

指文字本身所呈現之視覺效果，或經設計構成或布局後整體呈現之視覺效果，而非文字本身所隱含的意思。

舉例來說：

義大利公司羅傑維威耶（Roger Vivier），該公司於2021年4月8日在中華民國申請且核准設計專利（證書號D217595），該設計以黑白照片表現，各視圖表面所呈現的濃淡僅係為表現本案之形狀，但並非主張如圖所示之黑白色彩，如下：

立體圖

圖45　中華民國專利D217595圖式

圖片來源：中華民國專利資訊檢索系統，2022 年 10 月 13 日查詢，https://twpat.tipo.gov.tw。

8. 商品創意與色彩設計

商品創意與色彩設計關係，這裡的商品創意主要利用色彩的變化來達到商品的顯著性，這裡的色彩通常包含在商品部分位置

的顯著呈現，藉此達到商品外觀產生特別的視覺效果。但是，通常利用色彩設計來增加商品創意，較不容易申請設計專利保護或是商標保護，主要仍在於色彩設計（單純色彩搭配）較不容易提高該商品的識別性或顯著性，通常該色彩設計都會搭配設置在商品不同視覺位置及其花紋設計來提供其識別性，進而利用設計專利或顏色（位置）商標來進行保護。

舉例來說：

洛羅比亞耶（Loro Piana）是義大利的服裝及面料生廠商，尤以高端、奢華的羊絨及羊毛產品聞名。該公司於2019年12月10日在中華民國申請且核准設計專利（證書號D207790），該設計關於一包之裝飾件之部分，其中圖式所揭露之藍色填色的部分及藍紫色背景，如下：

立體圖

圖46 中華民國專利D207790圖式

圖片來源：中華民國專利資訊檢索系統，2022 年 10 月 13 日查詢，https://twpat.tipo.gov.tw。

(四) 商品創意與設計專利的創作性

1. 商品創意是否為易於思及者

　　從設計專利概念來看，雖然商品創意申請專利的設計與市面上現有商品或是先前技術或技藝不相同，亦不近似且具有其差異性，但若是該創意設計在近似市場領域或是所屬技藝領域中，該產業人員具有通常或是一般知識或是概念者，容易讓人直接或間接連想到，或是依照該創業設計申請設計專利前，對其先前技術或技藝容易聯想到，該商品創意設計較容易被認定不具創作性。

　　舉例來說：

　　該創作係由一本體及一圓棒所組成，而該本體係由兩種不同口味之冰品所組成，其中一口味之冰品係於該本體中央形成圓形，而另一口味之冰品係具有五個圓弧形，並圍設於該圓形周緣形成一梅花之造形，而該圓棒係插設於該本體底部，如下：

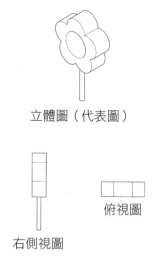

立體圖（代表圖）

俯視圖

右側視圖

圖47　　中華民國專利D119009圖式

圖片來源：中華民國專利資訊檢索系統，2022 年 10 月 13 日查詢，https://twpat.tipo.gov.tw。

該創作於2005年5月4日以「梅花冰」申請設計（新式樣）專利，經審查於2007年6月21日獲准設計（新式樣）專利。但後續，第三人向智慧財產局提起無效（舉發），後經由智慧財產權局及法院認為該創作一種梅花形狀之冰品與第三人所提出的無效（舉發）前案證據等組合證據，認為該組合證據與該創作「梅花冰」專利同屬食品類產品，且具有共通之外觀特徵（即中心表面呈圓形與外圍花瓣形輪廓呈現兩層不同層次之視覺外觀），因此所屬技術領域具通常知識者在開發相關食品產品時，有合理動機結合組合證據而輕易完成系爭專利之整體設計。故，該創作「梅花冰」專利不具創作性（依據智慧財產法院103年行專訴字第88號判決案由事實與判決要旨）。

2. 商品創意是否模仿自然界形態

　　商品創意是否屬於單純模仿自然界事物（不具創作性），由於自然界中的事物不是人類心智創作的成果，直接模仿自然界事物對於設計之創新並無實質助益；因此，藉此申請設計專利與先前技術或技藝的差異，若僅在於動植物、礦物、自然風景或物品的模仿應用，且無產生整體外觀特殊視覺效果者，該商品創意將不具設計專利保護的範疇。

　　舉例來說：

　　臺灣工業技術研究院是國際級的應用研究機構，以科技研發，帶動產業發展，創造經濟價值，自1973年成立以來，累積近數萬件專利，並新創及育成包括台積電、聯電、晶元光電等上市櫃公司，帶動臺灣的產業發展，該院於2020年12月10日申請且核准（證書號I753684）一種具有骨整合效果的仿生多孔結構，提供骨細胞生長誘導能力，促進骨長入，達到組織融合（骨整合）

及固定之效果，有利於術後癒合、復原，該骨釘包括：一外螺紋；一內支架結構，設置在該外螺紋之中間部位的內部，其中該內支架結構包括螺紋支架，該螺紋支架之螺旋方向相同於該外螺紋之螺旋方向；以及一多孔隙層，設置在該內支架結構的表面上，如下：

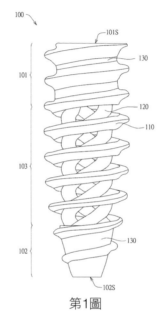

第1圖

圖48 中華民國專利I753684圖式

圖片來源：中華民國專利資訊檢索系統，2022 年 10 月 13 日查詢，https://twpat.tipo.gov.tw。

3. 商品創意是否模仿著名著作

　　商品創意是否屬於單純模仿著名著作（不具創作性），像是巴黎鐵塔外觀的手機配飾、臺北101大樓外觀的鑰匙圈，或是其他著名的建築物或知名圖像等著作，而為不同物品之直接模仿應

用，且無法使該設計之整體外觀產生特異之視覺效果者，應認定為易於思及，不具創作性，但若該模仿著名著作之手法能使設計之整體外觀產生特異之視覺效果，則不應認定為易於思及，應具創作性。

舉例來說：

2016年6月21日中華民國智慧財產局核准公告設計專利（證書號D176605）有關一種用於例如食品、服飾、禮品……等之外部包裝盒，該外部包裝盒，藉由其特殊的裝飾性設計以凸顯出商品特色及營造出視覺感。該設計包裝盒之外觀特點，包括一個長度、寬度及高度具有一特定比例之平行矩形六面體的盒體；該盒體在長度方向侷限於小部分的一側飾，以灰階而呈現陰暗面，其中，在該陰暗面上綴飾有似乎從閣樓向外遠眺之取景的畫面，近景包括層見疊出的屋瓦和若隱若現之「PARIS」的牌匾，遠景包含有巴黎鐵塔等。

立體圖（代表圖）

圖49 中華民國專利D176605圖式

圖片來源：中華民國專利資訊檢索系統，2022 年 10 月 13 日查詢，https://twpat. tipo.gov.tw。

4. 商品創意是否直接轉用

　　商品創意是否屬於直接轉用（不具創造性），像是將日常用品的外觀轉用於玩具或是模型，且無法使該設計之整體外觀產生特異之視覺效果者，應認定為易於思及，不具創作性，但若該轉用之手法能使設計之整體外觀產生特異之視覺效果，則不應認定為易於思及，應具創作性。

　　舉例來說：

　　2017年4月11日中華民國智慧財產局核准公告設計專利（證書號D182344）有關本設計是一種玩具汽車。

立體圖1（代表圖）

| 圖50 | 中華民國專利D182344圖式 |

圖片來源：中華民國專利資訊檢索系統，2022 年 10 月 13 日查詢，https://twpat.tipo.gov.tw。

5. 商品創意是否單純置換或單純組合

　　商品創意是否屬於單純置換或單純組合（不具創造性），像是將他人的部分元件單純置換或單純組合在自己的元件上，且無法使該設計之整體外觀產生特異之視覺效果者，應認定為易於思及，不具創作性，但若該組合、置換能使設計之整體外觀產生特異之視覺效果，則不應認定為易於思及，應具創作性。

舉例來說：

2015年4月11日中華民國智慧財產局核准公告設計專利（證書號D167132）有關本設計是一種採血筆之外觀設計，特別是關於一種樣式新穎獨特之採血筆。該創作所提供的採血筆，其整體外觀大致上為圓桿柱狀造形，且由前而後依序包括有前蓋、筆身及深度調整旋鈕。其中，該前蓋前端中央設有採血針置入口，再往後延伸而連接較為長形之筆身，由左、右側視圖觀之，筆身左、右兩側分別具有凹槽，且右側凹槽表面向外凸設有退片鍵，另由俯視圖觀之，筆身正面具有飾片槽，飾片槽後方則佈設有複數刻度顯示凸塊，此些刻度顯示凸塊的長度係由一側往另一側呈漸減變化，再者，筆身底部之深度調整旋鈕係對應於前述凸塊而設有線條延伸之刻度指示凸塊。藉此所構成之採血筆，其前蓋、筆身至深度調整旋鈕皆為簡潔俐落的線條設計，且其組合及形狀搭配處處呼應、處處別緻，整體構思非常巧妙，完美地營造出一種優雅時尚的視覺風格。

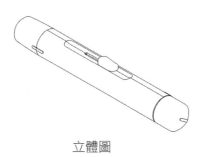

立體圖

圖51　中華民國專利D167132圖式

圖片來源：中華民國專利資訊檢索系統，2022 年 10 月 13 日查詢，https://twpat.tipo.gov.tw。

6. 商品創意是否運用習知設計之外觀

商品創意是否屬於運用習知設計之外觀（不具創造性），像是將電腦螢幕的外觀輪廓從正方形改為圓形，且無法使該設計之整體外觀產生特異之視覺效果者，應認定為易於思及，不具創作性，但若該運用手法能使設計之整體外觀產生特異之視覺效果，則不應認定為易於思及，應具創作性。

舉例來說：

2022年3月21日中華民國智慧財產局核准公告設計專利（證書號D217933）有關設計係關於一種供使用者輸入訊號的鍵盤，該設計之鍵盤的外觀造形已顯示於各圖式。該設計所提供之鍵盤，主要特徵在於該鍵盤具有底座，該底座的四周邊分別平面修飾，並由後側朝向前側呈傾斜狀，且後側平面處一側凸設有一矩形主體，而底座的頂面形成有一呈矩形鍵盤區；該鍵盤區內分別容置有多個鍵帽，且再以60個鍵的分布設計，產生視覺特異之效果；據此，藉由不同的鍵帽數量與配置，使整體呈現出相較於習知鍵盤具有視覺特異性的鍵盤外觀設計，且呈現出新穎而美觀的造形意象。

立體圖1（代表圖）

圖52 　中華民國專利D217933圖式

圖片來源：中華民國專利資訊檢索系統，2022 年 10 月 13 日查詢，https://twpat.tipo.gov.tw。

四、空間設計與設計技巧

(一) 空間設計的領域與創意技巧

1.「空間設計」的領域

空間設計以「建築」為主軸，作為建築室內外、景觀環境等生活空間或實體之動線、空間設計。「空間設計」的領域相當廣泛，林品章（1986）於設計的六分類法中提出空間設計包括：建築、室內、展示、舞臺、燈光、街道、環境、都市、居住、娛樂。佐口七朗（1991）認為，依空間的特殊機能，可以細分成六個單位類型，分別為居住、商業、娛樂、公共、風景區及交通類建築空間，包括：都市規劃設計、建築設計、景觀設計、室內設計、家具設計、街道家具設計、展示設計、舞臺設計、燈光設計等。

亨利·列斐伏爾（1974）在《空間的生產》，將空間轉化為以下三大層面：

(1) 空間實踐：又稱感知的空間，是日常真實所見，如自然環境、真實的生活處境。

(2) 空間再現：又稱構想的空間，學者、政府官員、都市計畫、景觀、建築師計畫修改等，專人構想過的空間。

(3) 再現空間：生活空間經過規劃後，人們處於其中的生活情境，能夠產生情感歸屬等新關係，並在空間裡延展，來一場感官的旅行。

2. 空間設計程序與創意思維模式法

楊清田等編著（2020）《設計概論》中加以簡易整理，空間設計的重點在於以「人」作為最重要的設計考量條件，進行人類

生活空間「形式與機能間的關係」的處理，如下：

(1) 展現空間的心理與生理機能的多樣化。

(2) 調和心理機能與物理機能的調和空間。

(3) 先掌握機能再考慮形式，人在面對建築空間的問題時，會以安全作主要的需求，接著是經濟預算問題。

(4) 以「典範思維」為主的創造思維模式：從創意發展到設計作品完成，設計者所用的腦力，其實並非突發的，而是一種設計專業訓練下的心智或思維習慣。而空間設計則是以「典範思維」為主的創造思維模式，其作業模式包括七階段：確定任務、收集資料、分析整理、構思發想、替選方案、評估選擇、執行方案等。

(二) 仿生設計與創意

仿生設計來自於設計師參考、學習或是模仿生物特徵的造形表現，空間建築設計則利用與自然、生命、紋理或是任何一切與大自然息息相關的事物，將其幾何、結構去衍生變化並加以設計，透過這樣的方法所創造出來的建築都可稱之為仿生建築（Bionic Architecture）。例如：紐約的古根漢美術館（Guggenheim Museum）是師法貝殼的結構設計；臺灣臺北101是師法竹節，象徵節節高升設計。空間建築仿生學的表現與應用方法大致有四個層面：城市環境仿生、使用功能仿生、建築形式仿生、組織結構仿生。彼此之間交錯運用時，亦會產生其他混合形態。

(三) 空間創意與設計專利

目前針對設計專利保護的範圍，除了應用於物品之外觀的創作，或是須將申請專利之設計外觀結合其所應用之物品而構成具有三度空間實體形狀之有體物，像是工業或手工製造物。該設計所應用之物品，更可以是建築物、橋梁或室內空間等設計。

舉例來說：

2018年1月1日中華民國智慧財產局核准公告有關「建築物」部分設計（證書號D187698），如下：

該創作說明主要為一輪廓概成矩形且層次內縮狀之多樓層建築物主體，該建築物主體前端面分隔有述長矩形區域，而所述長矩形區域內設有往外凸出弧緣的弧形陽臺及往內凹設的裝飾造形面，且於所述弧形陽臺上設有欄杆，所述欄杆具有直立桿與斜向桿所構成的交錯欄杆造形。再於該建築物主體一側牆前端設有大小凹弧邊牆，而後端為依據樓層而設有內凹牆板，且兩相鄰內凹牆板間形成凸出飾條，並配合兩側長矩形飾條而構成層狀側牆板；而另一側牆為層次內縮的牆板，於其基礎底段層設有大小凹弧邊牆，而中段層側邊設有長形修飾面及數凹狀牆飾，其中上段層為由二不同高低樓屋所構成。該建築物主體後端面對應側牆之樓層而設有內凹樓板及後區內凹牆板，且兩相鄰內凹樓板及兩相鄰後區內凹牆板間分別形成凸出飾條，並於內凹樓板及後區內凹牆板之間設有一長矩形飾條，再於後區內凹牆板一端銜接層次內縮的牆面。整體觀之，本設計之造形穩定厚實，且富變化而不單調。

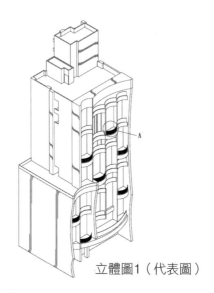

立體圖1（代表圖）

圖53 　中華民國專利D187698圖式

圖片來源：中華民國專利資訊檢索系統，2022 年 10 月 13 日查詢，https://twpat.
tipo.gov.tw。

舉例來說：

2017年7月11日中華民國智慧財產局核准公告有關一建築物
（證書號D184365），如下：

該建築物，並可作為住宅或活動場所等居住及活動之用，由
前視圖及後視圖觀之，該創作具二不等高之山形主體，各山形主
體由底至頂透過彎折邊簷呈現層疊山峰之觀感，同時二山形主體
更似具非平行排列之空間延伸感，進而富有群山延綿之視覺美
感，同時呈現創作者萬物始於自然之設計理念。左、右側視圖則
呈現如同指標圖般之高低起伏效果，跳脫傳統建築之刻板造形。

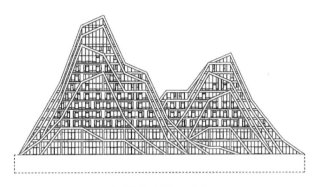

前視圖（代表圖）

圖54 中華民國專利D184365圖式

圖片來源：中華民國專利資訊檢索系統，2022 年 10 月 13 日查詢，https://twpat.
tipo.gov.tw。

舉例來說：

2017年4月21日中華民國智慧財產局核准公告有關一建築物
（證書號D182584），如下：

該建築物包括一青蛙卡通造形輪廓，由其前視圖與立體圖可
以看到其前下方有一向內凹設就的一扇門，視覺感受像是可愛的
青蛙，也是一間前面有門窗的房屋，整體形狀呈現了趣味的造形
以及居家的親切感受，從而展現了新穎、活潑之視覺效果。

立體圖（代表圖）

圖55　中華民國專利D182584圖式

圖片來源：中華民國專利資訊檢索系統，2022 年 10 月 13 日查詢，https://twpat. tipo.gov.tw。

　　另外，中華民國智慧財產局的專利審查基準中，更針對室內空間等設計，且透過「廚房之部分」（如下圖）舉例相關的揭露方式，設計專利除了裝潢所使用到櫃子、桌面、檯燈等個別物品外，更可以將室內空間的設計（裝潢）本身作為設計專利的範圍。

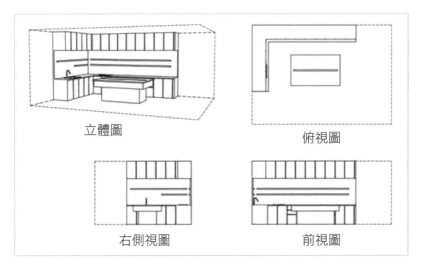

立體圖

俯視圖

右側視圖

前視圖

圖56 新修正設計專利審查基準中，關於「廚房之部分」的揭
露例示

圖片來源：經濟部智慧財產局，2020 年「設計專利實體審查基準」修正重點，
https://topic.tipo.gov.tw/patents-tw/dl-275770-17125b5273f24e30b4047cdf08c779ca.
html。

五、文化創意產業

(一)「文化傳承＋創意累積＋產業服務」的一門新興藝術領域

　　根據2021《臺灣文化創意產業發展年報》提出文化創意產業（Cultural Creative Industry），以「文化」、「創意」與「產業」為核心結合成的，被視為推動國家經濟成長的重要發展動力，以創造力結合管理力，藉此提升自我的行銷產值能力，能協助產業進行升級。「文創」，廣義來說即是於既有文化裡，融入自我的創意與設計，賦予該文化全新的樣貌，為其創造出附加的價值；而「產業」則是將產品及服務與商業內容進行結合，以創

造利益。因此，文化創意產業，乃是結合「文化傳承＋創意累積＋產業服務」的一門新興領域。政策大力支持下，產值已占世界10%，愈來愈多對於藝術與設計有興趣的人，開始投入文創產業的世界中。

根據行政院文化部的定義，「文創產業」是指源於創意與文化的累積，透過智慧財產之形成與運用的過程，創造出具備財富與就業機會的能力，並進一步促進全民美學素養及國民生活環境的正向提升。根據《文化創意產業發展法》，臺灣文化創意產業分為15項產業，有直接面對消費者的視覺藝術、音樂及表演藝術、文化資產應用及展演設施、工藝、電影、廣播電視、流行音樂及文化內容、出版、設計品牌時尚、創意生活、數位內容；也有以服務產業為主的廣告、產品設計、視覺傳達設計、建築設計。

(二) 以文化創意設計行銷：「VIPP」模式帶動創新

依據「VIPP」模式帶動文化創意設計的創新，將具有「美學價值」的藝術品轉化為有「使用價值」或「風格價值」的特色產品；並透過價值、意象、流程、生產的創新發展，及設計創意與生活美學的投入，讓每個地方更具有文化識別特色與差異性，進而發展地方共生的新興文化創意產業。

文化創意設計行銷方法，有所謂的「VIPP」模式，即價值、意象、流程、生產（Value、Image、Process、Production，簡稱VIPP）的模式，意義如下：

1. 價值創新：包含附加價值、美學、品質、標準、風格。
2. 意象創新：包含文化、識別、多樣化、品牌、差異。

3. 流程創新：包含行銷、產生創意、傳達想法、詮釋想法、產品升級。

4. 生產創新：包含減低複雜性與成本、減少生產時間、使用新技術、新材料、使用回收或環保材料。

(三) 文創產業與智慧財產權強國政策

臺灣從文化產業到創意產業，乃至內容產業的幾十年發展歷程中，經歷了多次重要轉折後，智慧財產權已被理解成一種文化霸權的表現型態，利用智慧財產權的輸出以貿易的制裁來迫使智慧財產權的輸入國接受其制度，以有利於智慧財產權輸出國的經濟利益。

1. 臺灣創意產業發展現況所面臨的難點

臺灣在推動創意產業方面與其他國家相較，整體而言並未見具體成效，究其原因主要在於根本結構性的問題，包含有：

(1) 產業多屬中小型企業：臺灣的文化藝術及創新產業業者大多數為中小型企業，營業額與資本額規模均小，未能有跨政府單位或是較大型平臺組職整合這些中小企業來發揮較大的市場綜效。

(2) 金融機構貸款意願不高：金融機構對文化創意產業的運作模式與市場機制了解不深，且難擺脫對傳統產業的貸款評估方式，故在融資貸款的評估與操作上多持保守態度。

(3) 產業獲利模式凸顯不易：由於文化創意產業的獲利模式多半具其「獨特性」，重複性低，不易複製。

(4) 產業人力財務規劃能力普遍較弱：由於文化創意產業之業者與創作個人多屬創意人員，普遍缺乏業務與財務方面的規劃

能力。

(5) 創意產業成長趨緩，失去產業競爭：根據2015年文創年報，2002～2008年的6年期間，創意產業營收平均每年以7.58%速度在成長，但是下一個6年期間，也就是2008～2014年，每年的平均成長率只剩下2.76%。

(6) 產業聚焦力不明確：由於創意產業的多變性包含有大量消費大量生產、少量生產大量消費及小量生產高額消費，無法聚焦其產品性質與目標客群，因而無法決定可以發展的市場類型。在產業聚焦力不明確情況下，其市場操作的類型策略就容易空洞化。

2. 臺灣創意產業的智慧財產權保護現況所面臨的難點

對於發展文化創意產業，因為臺灣的多元文化，加上教育普及，人才及文化水準在亞洲國家中相當突出，且投入文化創意產業的潛力無限。但是因為臺灣的創意產業業者多屬個人工作室或中小企業規模，在智慧財產權的保護下面臨的難點，包含有：

(1) 個人工作室或中小企業沒有能力確認智慧財產權的合約內容，也無法確保未來取得或給出的權利是適當的，容易受到不可彌補的損失。

(2) 個人工作室或中小企業沒有能力與外部專家、顧問、機構等共同研究開發或委託開發時，透過合約，事先約定該些智慧財產權所有權與使用權之分配，以避免後續權利之歸屬糾紛。

(3) 個人工作室或中小企業沒有能力針對不同的智慧財產類型對應有不同的保護方式，且無過多的財務能力尋求專業的智慧財產專家協助。

(4) 個人工作室或中小企業沒有能力針對外國市場了解，其創作須依當地智慧財產權的規定於該國註冊，進而取得適當智慧財產權保護，尤其各國對於設計專利的規定各有不同。如臺灣、日本、美國係採實體審查，也就是就該商品是否具備新穎性及創作性作審查，相對的，歐盟係採形式審查，僅就規定申請之資料是否齊備作審查。採形式審查通常能較快獲得核准，但日後若發生侵權爭議，仍然要再透過實體的專利審查來獲得完整的保護。

(5) 個人工作室或中小企業沒有能力在前瞻性的文創產業政策上，清楚掌握文創產業之間的成長關聯性，且各次產業之間可能具有產業鏈或產業生態系統的成長連動性，致使無法有效的布局跨產業的智慧財產權。

(6) 臺灣政府並無跨部門單位重點培育與發展具市場強勢性的文創內容，將能間接帶動其他文創次產業的成長。

(7) 臺灣政府並無跨部門單位提供外部專家、顧問、機構等的協助，且自各國引進特定之智慧財產權，以供臺灣的創意產業的個人工作室或中小企業使用，舉凡市場訊息、客戶資訊、產品設計、合約與技術等。

(8) 臺灣政府並無跨部門單位提供協助傑出的新創企業於特定業務上，保護其獨特且與競爭者有差異的智慧財產權，進而同時協助潛在投資人在投資這些創意企業時，保有相關智慧財產權的良好管理。

(9) 臺灣政府並無跨部門單位擬定一個策略，如何在有限的資源下，創造最大的經濟使用效率與價值的產業策略模式，包含有自由創作的環境及開創的心靈等文化創意產業的生命力及具有臺灣特色創意的源頭，藉此發展臺灣文化創意產業的優

勢、潛力、困境及產業需求，期能達到以臺灣為基地，拓展華文市場，進軍國際，打造臺灣成為亞太文化創意產業匯流中心之願景。

3. 新加坡創意產業的智慧財產權營運現況

　　新加坡也在1998年制訂了《創意新加坡計畫》，2002年又明確提出要把新加坡建設成全球的文化和設計中心、全球的媒體中心。利用人的創造力、技能、傳統的文化藝術與其他智慧的結合，也能發展出另一種新的產業——創意產業，不但具有高度的經濟效益，也能帶動就業機會，因而最早提出創意產業概念與政策。

　　新加坡創意產業發展概況：

　　新加坡是一個多元種族的社會，其文化資源及語言也是多元的。新加坡充分整合多元文化資源，發展特色文化，利用特色文化催生特色產業，處於海運和航空交通的樞紐位置。新加坡作為一個移民國家，內含多種文化，新加坡政府將科技發展視為經濟發展的重要環節。

　　新加坡文創產業，發展的策略包含有：

(1) 吸引第一流的數字互動媒體公司赴新加坡設立公司，帶動本地的企業發展。

(2) 創辦DigiPen Institute of Technology、延請美國紐約大學Tisch School of the Arts分校，培養人才庫及設立獎學金等。

(3) 吸引擁有研發技術能力的公司投資本地。

(4) 政府不斷推動科技基礎建設，制定科技政策，參與和補助科技研究。

(5) 設置與整合科技相關機構統籌制定和執行科技政策。

(6) 透過學術研討、個案分析、角色扮演、小組互動、分享、學習教學的態度及經驗學習法，來強化學員在創業路途上之心態以及提升能力方面的建設。

4. 新加坡創業產業的智慧財產權保護概況

在智慧財產權的政策與法規方面，新加坡政府相信，穩定的法令環境與政府政策支援為促進電子商務蓬勃發展重要因素，因此提出企業鼓勵措施以及其他相關法律與管制的制定也是必要的。大眾傳播管理局也鼓勵業界自行發展一套通用之產業施行法典，作為填補政府規範不足之處。產學合作之政策有關智慧財產權的政策與法規方面，科研機構和大學透過多種措施與工業界建立長期合作關係，不斷激勵科技研發人員開展創新活動。學校方面注重在教育階段就使學生和研究生了解工業新技術並提升研究能力，從而使科研活動具有影響經濟的活力。

新加坡文創產業的發展蓬勃不僅因其有深厚獨特的藝術生態和文化資源，還得益於國際人才的流入和鼓勵創作的社會環境，才能領藝術先驅於大潮，進而帶動文化提升、藝術價值認同、旅遊觀光加值等效益。

智慧財產權的認識與理解，已逐漸深化。對於研發成果或智慧財產權的管理與推廣，不論是藉由產學合作的方式、抑或藉由技術移轉而擴散技術，在學研機構及相關技術移轉單位的努力下，皆已經累積出相當寶貴的運作經驗。

5. 新加坡智慧財產權國家戰略

新加坡智慧財產權國家戰略（SIPS 2030），此項為期10年的計畫，是以2013年推出之智慧財產中心藍圖作為基礎，並由跨

政府部門小組所推行，組成人員橫跨十多個政府部門。

企業想要有優質的智慧財產權戰略，所要思考的面向不能只是智慧財產權取得，如何申請專利已是智慧財產權戰略生命週期的中段，企業必須想得更早且更深遠，從一開始的智慧財產權戰略規劃，就要洞悉風險與機會直至未來如何運用智慧財產權。

尤其對於剛踏入智慧財產權領域角逐的金融業者而言，應先鞏固自身的實力，從其企業文化以及組織能力這兩個要素著手，且透過強化人員對智慧財產權相關的認知、局勢分析、建構有利的聯結關係或自身研發能量蓄積、優質提案的萃取、智慧財產權取得後的維權與運用等資源建構，以達到防策的目標，落實戰略。

新加坡智慧財產權國家戰略架構：

針對新加坡經濟和無形資產與智慧財產權（IA/IP）格局的不同方面，新加坡智慧財產權國家戰略（SIPS 2030）的目標及重點，包含有：

(1) 加強新加坡作為無形資產與智慧財產權（IA/IP）活動以及交易的全球中心的地位。

(2) 保持新加坡在全球排名第一的無形資產與智慧財產權（IA/IP）制度。

(3) 加強新加坡作為無形資產與智慧財產權（IA/IP）全球樞紐的地位。

(4) 利用無形資產與智慧財產權（IA/IP）吸引和發展創新企業。

(5) 在無形資產與智慧財產權（IA/IP）中發展良好的工作和寶貴的技能。

(6) 在不同型態及階段的經營活動融資、創業戰略制訂、創業團隊人事管理、領導藝術、財務管理及公司退場機制等智慧財產權知識。

(7) 在無形資產與智慧財產權（IA/IP）的教育方法中採用圍繞真實科技成果以及創業點子，撰寫商業計畫書為核心的教學方法且利用人工智慧實戰模擬、拓展訓練、角色模擬等學習形式，來培養學生的創業能力。

(8) 提出一項免費線上工具「ILLUMINATE®」，能迅速地幫助企業評估其智慧財產及無形資產的健康情形、管理落差與風險，並提出改善建議。

(9) 每一項科技或產業都有其發展的生命週期，企業常常不知道如何利用固有的無形資產，相關的措施將可協助企業檢視、定義可用的專利，據以規劃企業下一步走向。

(10) 創意轉換為產品的過程中，需運用智慧財產權管理原則，在組織、法律、財務、動機等層面。

(11) 在保護智慧財產權並有效運用在公司資產，包含有建置智慧財產權會計系統、進行智慧財產權評估、研發授權支持、商業祕密保護工作。

(12) 計畫「專利分析與科技掃描」應用互動式AI檢視大量的專利資料，藉以分析及預測全球的科技發展趨勢、可研究的新領域、競爭者與合作者以及可能的投資機會，包含有：

① 分析技術領域熱點與領頭企業，以及判斷非技術領域熱點是否值得投資研發。

② 就特定技術領域評估企業是否要自行投入研發或向他人購買專利即可。

③ 找出專利申請趨勢的背後驅動因素等。

④ 就所有資料進行分析，並以資料視覺化之方式呈現，讓企業一目瞭然。

⑤ 所有相關研究報告公開於網站上，各界均可下載利用。

新加坡智慧財產權國家戰略實踐：

新加坡專利局在其慶祝世界智慧財產權日的活動中，確定了新加坡智慧財產權國家戰略（SIPS 2030）成果，包含有：

(1) 智慧財產權交易和管理中心戰略實踐。

(2) 優質智慧財產權申請中心戰略實踐。

(3) 智慧財產權爭議解決中心戰略實踐。

(4) 智慧財產權人力資源培養且針對各個地區的網路化的戰略實踐。

(5) 建立一個有利和進步的環境智慧財產權活動戰略實踐。

(6) 強化新加坡作為全球無形資產與智慧財產權中心之地位，確實建立良好的無形資產與智慧財產制度，以政策支持新興技術領域，並利用科技協助申請人。

(7) 建立新加坡成為東盟與世界的連接中心，加強地區智慧財產權系統的合作。

(8) 建立新加坡成為國際智慧財產權爭議解決首選地點，加強人才之專業，並設置爭議解決的一站式資源網站。

(9) 以無形資產與智慧財產權吸引新創企業，並扶助其發展增進企業的相關意識及管理能力。

(10) 設立新的線上平臺提供資源，協助企業將研發成果轉換為無形資產與智慧財產權。

(11) 智慧財產權相關募資，發展無形資產與智慧財產權的鑑價系統，並培養鑑價專業人才。

(12) 藉由無形資產與智慧財產權創造工作機會，發展高價值技術。

(13) 以無形資產與智慧財產權相關的教育訓練課程，保持從業者的競爭力。

(14) 與企業合作，使創新相關的工作職位可整合此類智慧財產權能力。

6. 臺灣創意產業智慧財產權營運機制構建

創意產業是經濟基礎的文化創意產業，不負眾望成為21世紀最熱門的產業。尤其面對全球經濟不景氣及產業結構調整的時刻，文化創意產業仍能持續穩定的發展，成為各國競相投入的新產業領域。

臺灣創意產業之定義與精神，包括有：

(1) 提供臺灣在全球化下的地方識別。

(2) 生活品質提升與藝文環境策進。

(3) 產業升級與附加價值提升。

(4) 促進經濟發展與就業開創之計畫。

(5) 結合臺灣原已具備發展文創產業之優勢，如自由創作環境、開放多元社會及發達科技等，協助業者創造更高的文化與經濟價值，加速臺灣文創產業的發展。

臺灣創意產業的代表就是橫跨亞洲，在漫畫、電視動畫階段累積廣大讀者及網路視頻、3D電影的「霹靂國際多媒體」。以傳統布偶木偶戲起家，從黃海岱（1901～2007年）、黃俊雄（1993年～）父子，到黃強華、黃文擇兄弟一脈相傳，從史豔文到素還真，木偶戲泰斗黃海岱曾言：「英雄代代出，好像是滿色天星，閃閃熾熾。」木偶戲從野臺戲啟蒙到進入電視攝影棚，曾

在臺灣締造97%超高收視率。一脈相承的黃強華、黃文擇兄弟，在傳承中創立霹靂多媒體，蛻變經營，以開創獨特的「木偶」加上「動畫特效」的演繹，不僅推出近兩千集布袋劇，更拉出錄影帶租售市場，以擁有百萬以上忠實戲迷，成為臺灣當下唯一具「二次使用」市場的文創公司。開創營運特色，包含有：

(1) 堅持自有創作團隊：黃董長期培育自有團隊，從編劇、操偶、木偶造形、後製動畫、音樂創作等一起合作。

(2) 在臺灣雲林市籌建亞洲最大攝影棚及最新HD、3D拍攝設備，週週發新片、年產能逾八千分鐘，以源源不絕創作內容累積龐大戲迷。

(3) 二次使用：霹靂25年，創造超過千位虛擬人物角色，以足夠實力從臺灣木偶戲傳統文化開創線上遊戲業、劇本授權、商展演出、活動代言等異業合作商機，藉此帶來更多營收及淨利。

7. 臺灣創意產業智慧財產權營運面臨的難點與應對措施

　　臺灣創意產業的應對措施選取原則，主要是依據該產業定義中，創意概念的價值取向、智慧財產權的生成運用，並同時兼顧國際相關定義與範疇之比較。文創產業不僅是全球熱門的新興產業，亦是臺灣未來產業發展的一大亮點，文創產業與科技產業不同，電腦產品沒有文化的疆界限制，但文創產業的發展卻常受限於文化、國情，因此發展時不得不考慮其地域性，所以產業相關的發展規範、保障方法及稅務法律問題，都是現今討論的重點。

　　臺灣面臨全球經濟不景氣，主領的科技產業，亦面臨景氣迴圈的谷底；再加上以中小企業為主體的經濟結構，礙於成本與中國大陸市場急速擴增的因素出走，選擇成本競逐，而非產業升級

的差異化競爭模式，造成臺灣近來的經濟成長趨緩與失業率高漲。

創意產業代表的是一種新世界、新產業、新價值及新經濟型態觀念，在這場以文化及創意作為競爭籌碼的國際賽局中，我們結合政府相關部門及產學資源，從文化產業的現況及面臨的難點如下：

表4 文化產業的現況

現況及面臨的難點	應對措施
創意產業多屬中小型企業	(1) 利用無形資產與智慧財產權吸引和發展創新企業。 (2) 在無形資產與智慧財產權中發展良好的工作和寶貴的技能。 (3) 在不同型態及階段的經營活動融資、創業戰略制訂、創業團隊人事管理、領導藝術、財務管理及公司退場機制等智慧財產權知識。
金融機構貸款意願不高	發展無形資產與智慧財產權的鑑價系統，並培養鑑價專業人才。
創意產業獲利模式凸顯不易	應用互動式AI檢視大量的專利資料，藉以分析及預測全球的科技發展趨勢、可研究的新領域、競爭者與合作者以及相關的投資機會。
產業人力財務規劃能力普遍較弱	(1) 利用人工智慧實戰模擬、拓展訓練、角色模擬等學習形式，來培養產業人力財務規劃能力。 (2) 建置智慧財產權會計系統。
創意產業成長趨緩，失去產業競爭	(1) 分析技術領域熱點與領頭企業、判斷非技術領域熱點是否值得投資研發。 (2) 吸納中國大陸的市場和資源，為臺灣文創產業的發展開創新局。

現況及面臨的難點	應對措施
產業聚焦力不明確	(1) 避免文化創意產業園區過度向營利與娛樂傾斜。 (2) 設立新的線上平臺提供資源，協助企業將研發成果轉換為無形資產與智慧財產權。

智慧財產權的保護下面臨的難點如下：

表5　智慧財產權面臨的難點

難點	應對措施
人的方面	應對員工實施智慧財產權教育訓練，且於員工聘用與離職管理規範中納入相關智慧財產權歸屬條款與聲明，以使員工了解智慧財產權與相關之權益。尤其是對於有業界經驗的資深員工，需特別告知應避免使用前雇主的智慧財產權，以適當地降低企業的智慧財產權風險。
事的方面	針對研發、生產、品管等流程管理應予以檔案化，內外部檔與紀錄檔的取得、使用、發布等進行管理，以及智慧財產權的辨識、取得、維護、評估與爭議處理流程亦需檔案化，以茲遵循。 市場訊息、客戶資訊、產品設計、合約與技術等業務都會產生大量、不同型式之智慧財產權，企業應能辨識各項智慧財產權以利管理。
地的方面	針對廠區／辦公區之劃分與許可權分派進行管理，進出皆需受管制並詳實記錄，控管人員可接觸之區域。
物的方面	各式設備如資訊設備管理規範，包含採購、分配、維修、銷毀等都需進行管制，降低資訊外流風險。

8. 臺灣創意產業智慧財產權營運體系的幾點建議

與聯合國文化產業的定義相比，臺灣與聯合國在產業定義上相近的部分，皆重視產業內容的創意性與文化性，並透過智慧財產權保護與應用的機制。智慧財產權是文創產業核心的競爭力，應重視品牌的建立及專利的申請，甚至對產品的授權、販賣，應注意保密措施，及確認智財權保護是否完備，此外，臺灣強調在產業發展上，兼具經濟性與提升整體環境。

總結國外創意產業在定義上，有幾個方向可提供臺灣在創意產業推動上的重要參考建議：

(1) 創意產業即是文化產業，同時也是未來性產業與內容產業，更是文化產業。

(2) 重視創意與智慧資產，強調智慧財產權的應用與保護。

(3) 不論在有形的文化產品，與無形的文化服務上，皆算是文化產業。

(4) 重視經濟與就業的促進。

(5) 避免許多東西都掛上「文創」、「創意產業」，像是文創的蛋糕、肥皂、餐廳，甚至是文創夜市。以致於從《文創法》立法施行以來，什麼是文創、創意產業、文創產業的爭議從無間斷。

(6) 避免文化創意產業園區過度向營利與娛樂傾斜。

(7) 嚴格審視進駐文創園區的資格問題。

(8) 積極推動兩岸文化創意產業的發展，為兩岸文化交流營造出更寬廣的空間。

(9) 臺灣應該吸納中國大陸的市場和資源，為臺灣文創產業的發展開創新局。

六、傳播與行銷

(一) 整合行銷傳播

整合行銷傳播定義（Integrated Marketing Communications），指將一個企業的各種傳播方式加以綜合集成，其中包括一般的廣告、與客戶的直接溝通、促銷、公共關係等。從管理的面向出發，包含生產、銷售、人力資源、研發、財務等管理元素，並且整合個別分散的傳播信息，從而使得企業及其產品和服務的總體傳播效果達到明確、連續、一致和提升。行銷傳播規劃的一個概念，強調行銷傳播工具的附加價值以及所扮演的策略性角色，結合行銷傳播工具（如：一般廣告、直效行銷、人員銷售、公關），提供清楚、一致性以及最大化的傳播效果。

(二) 整合行銷傳播的實施

藉由：1.知覺整合、2.形象整合、3.功能整合、4.協調整合、5.消費者為主的整合、6.利益關係人為主的整合、7.關係管理的整合，七個階段，在不同的階段，都應該針對廣告、促銷、直效行銷等工具的優劣之處加以評量，來作出最佳的傳播組合，以達到企業的任務目標。

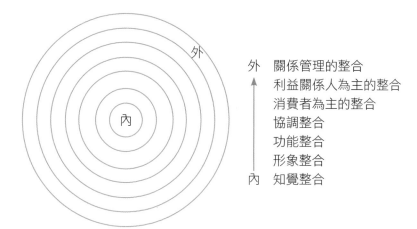

外　關係管理的整合
　　利益關係人為主的整合
　　消費者為主的整合
　　協調整合
　　功能整合
　　形象整合
內　知覺整合

圖57　整合行銷傳播的概念

資料來源：Esther Thorson & Jeri Moore 編，吳宜蓁、李素卿譯，《整合行銷傳播》，Duncan&Caywood（1999），整合行銷傳播的概念展與變革，頁5-24，臺北：五南。

(三) 整合行銷傳播策略發展過程

1. 以利益關係人為導向的行銷過程。

2. 「由外而內」導向的過程。

3. 雙向溝通。

4. 「口徑一致」的行銷傳播（Onevoice Marketing）。

5. 使用所有可能的接觸工具。

6. 達到綜效。

7. 與利益關係人建立長久穩定的關係。

8. 運用資料庫分析。

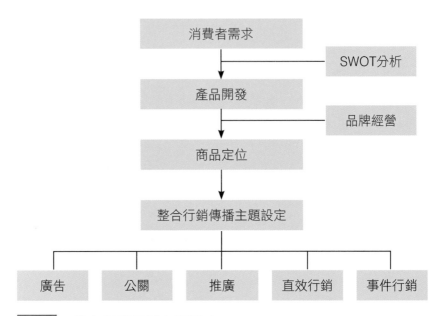

圖58 整合行銷傳播主題設定

資料來源：許安琪（2001），《整合行銷傳播引論》，頁235，臺北：學富文化。

(四) 整合行銷傳播工具

整合行銷傳播工具——傳統vs.數位。

1. 傳統工具

(1) 廣告與媒體採購：電視廣告、平面廣告以及交通戶外廣告都包含在這一類別，但因為過度分眾的關係，導致成效漸漸下降，可是仍然有中小企業願意嘗試。

(2) 公共關係：公共關係的方式想要獲得媒體自行曝光的機會並不多，如果想舉辦記者會或是媒體公關活動，都需要有足夠的創意，或是可以結合其他的活動，來吸引媒體或是閱聽眾們主動去了解。

(3) 事件行銷：演唱會、路跑等都算是事件行銷，但要讓消費者們主動參與，以及了解活動中傳達的品牌訊息也有一定的困難。

(4) 會展行銷：因為展場的地點愈來愈多，導致成本有降低的趨勢，但是同質性高卻無亮點的會展愈來愈多，造成成效並非那麼好。

(5) 體驗行銷：體驗行銷現在愈來愈重要，但因為體驗行銷中玩樂的時間過長，導致消費者漸漸沒耐心，因此體驗行銷目前也是有一定的難題需要解決。

(6) 促銷與人員銷售：傳統的促銷方法在這個數位時代的成效愈來愈無效，因此銷售人員的銷售手法及工具變得更為重要。

2. 數位行銷工具

數位行銷（Digital Marketing）包含了在電子裝置或網路上所做的一切行銷手段，人們利用數位上的管道——例如搜尋引擎（Google、Yahoo）、社群媒體（Facebook、IG）、電子郵件、網站、一頁式銷售頁面或APP等——去接觸到潛在目標受眾。

(1) 社群：社群行銷在現今是大多數企業絕對會使用的，不論是Facebook或者是Instagram都是使用的社群軟體之一。而「社團」現在也是許多企業瞄準行銷的地方，透過那些清楚鎖定目標對象的社團，或許更能夠有效地吸引消費者關注。

(2) 直播：目前除了能透過專業的直播平臺，還有其他的社群軟體都有直播功能。而直播的優勢在於去中間化以及即時性等，雖然透過直播的方式，無法準確了解品質的好壞，但仍然增加了網路的即時性以及溝通扁平化。

(五) 新聞與智慧財產權衍生

　　一段新聞的報導，後面所衍生的智慧財產權議題是相當複雜，其背後所探討的會是許多學術期刊或論文所研究的主題。

　　舉例來說：

　　就放棄疫苗專利來看，利用Google檢索新聞有關放棄疫苗專利，可以看到有一千多筆相關資料。

　　疫苗專利包含有配方、製造方法、製造設備、疫苗劑型、使用方法等等，依據不同功能，或是相同功能（不同手段或方法），或是相同功能且相同手段（不同功效），往往會有不同的功能專利、不同的手段或方法專利、或是不同的功效專利。因此，放棄疫苗專利會是一個相當複雜的研究議題。

　　另外，放棄疫苗專利更衍生其他有關品牌，像是BNT、莫德納或是高端疫苗等商標授權議題。再者，放棄疫苗專利就其疫苗的包裝或是相關衛教說明，是否會涉及其他如著作權議題，也是一個相當複雜的研究議題。

　　舉例來說：

　　就視聽著作是否涉及抄襲來看，利用Google檢索相關新聞，可以看到有近千筆以上相關資料。

　　視聽著作從製作（劇本開發、拍攝、演員、燈光、美術、剪接、特效、字幕、配樂等）、宣傳上映播放（花絮預告、播放平臺或是媒體等）或是其他延伸利用（周邊商品或是其他改作延伸等），再者，從其視聽著作相關的人、事、時、地等衍生的授權爭議，也會是個相當複雜的研究議題。

Chapter **3**

創業

一、創業與廣告行銷

創業能否成功需要考量的因素有許多面向，例如生產與管理、產品特質、創業者特質、創業前的準備與掌握技術、行銷與管理、產品的研發、人力資源的管理、財務管理、顧客關係與經營、店址選擇、企業形象等等，都與創業能否順利成功有關。

從生產面向來看待創業，生產者力求以符合消費者的價格來吸引人購買。

從產品面向來看待創業，生產者就是以高品質的商品來吸引消費者購買。

從品牌面向來看待創業，生產者必須有一個品牌名稱來讓消費者認識它。

從行銷面向來看待創業，以了解消費者的需求來擬定符合顧客需要的行銷活動與企劃，例如確認目標族群、市場區隔、競爭者分析等等。

那麼如何進入創業和廣告與行銷的領域，以下舉一個案例與步驟流程來說明如何企劃與規劃：

1. 規劃一個主題或案名。
2. 說明案由與背景：此時可以針對該主題或品牌深入了解與調查。
3. 研究與STP：

   (1) 市場區隔（Segmentation）。
   (2) 目標選擇（Targeting）。
   (3) 找到定位（Positioning）。

對行銷環境進行分析，例如外部環境分析與內部環境分析。外

部環境包括人口結構、產業結構、經濟成長等等總體環境的分析；還有購買人口、購買客層、購買場所、購買理由等等的消費者分析；其它還有經營策略、市占率、獲利、行銷策略等等競爭者的分析，從這些項目來了解與調查整體行銷環境的分析。

4. 消費者調查：這個部分我們可以找到目標對象，之後針對目標對象來了解他的關鍵需求與消費者特質、人口統計變數（年齡、性別、所得、職業、教育程度）、地理區域變數、心理變數、行為變數等等來進行分析。

5. 針對消費者建立顧客檔案：對可能的消費者進行生活型態的了解，調查這個族群與目標顧客的需求與痛處，來找到可能的商機。

6. 建立可能的競爭者分析矩陣圖。

表6　建立可能的競爭者分析矩陣圖

競爭者類型	主要競爭者	競爭產品	經營策略／行銷策略／營收／市占率／獲利等
例如： 某某品牌	列出相關的競爭品牌	列出主要商品 例如： 杯墊	例如： 直營店／網路商店 觀光工廠 全國各處有分店 主打平價小物 全店皆39元

7. 內部分析：

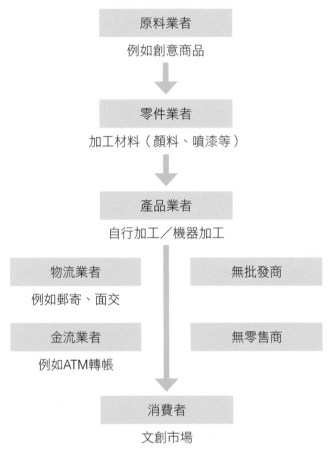

原料業者

例如創意商品

零件業者

加工材料（顏料、噴漆等）

產品業者

自行加工／機器加工

物流業者　　　　　　　無批發商

例如郵寄、面交

金流業者　　　　　　　無零售商

例如ATM轉帳

消費者

文創市場

圖59　內部分析架構圖

8. SWOT分析：

表7　SWOT分析

Strengh 優勢	Weakness 劣勢
例如： 原料的成本 原料取得的方便性 產品的獨創性 店面租金的問題 品質的保證	例如： 加工的問題 經費問題與人力問題 製作時間問題 量產問題
Opportunity 機會	**Treat 威脅**
例如： 小眾市場 有別於大眾市場的商機	例如： 競爭者的產品精緻 市場占有率 競爭者多 商品多樣

9. 定位（Position）：可以提出優勢與差異點，針對情感利益與功能利益進行分析。

10. 提出產品特色（Product）：設定產品的特性與定位，產品的服務、品質、包裝。

11. 定價策略及成本估算與控制（Price）：擬定定價的決策，了解消費者可以接受與負擔的費用，以及相關的售價、成本、折扣。

12. 地點（Place）：如何送達至消費者，例如粉絲團經營、訂購表單、金流、物流、資訊流、如何收貨、購買、寄送等等。

13. 強化品牌的認知（Promotion）：相關的媒體平臺或網頁、廣告方式、促銷。

二、創業與智慧財產

(一) 創業初期應注意事項

　　本書在這裡藉由作者——陳裕禎的創業個案，來看創業初期可能發生的問題及對應應注意事項。作者自述：

> 　　「天道酬勤」是個人創業的信仰。
>
> 　　2004年我創業了！母親大人找了數個算命師並搭配八字建議了幾個公司名，最後我選擇了「宏景」作為我這一生的品牌！
>
> 　　2004年一開始暫設址於臺北市建國北路長春大樓，創立初期僅有我一人且聘用一個助理，之後陸續增加幾位合夥人，分別負責業務與程序管理以及專利說明書撰寫與品質把關。憑藉著之前在企業內部超過10年的專利申請經驗與專利侵權訴訟實戰歷練，以企業專利法務部門的隱形幕僚為目標來創造個人事業體的文化及目標。
>
> 　　同年12月，距離我創業已經超過6個月了，在臺北的板南線捷運上，其中一個合夥人（也跟我一樣是個6年級的蔡姓大男孩），他眉頭深鎖看著只剩下8,000元的公司存摺，淡淡地說：「我們還有退路嗎？」當初我壓根沒想到，原來開公司的費用不是只有人事、房租、水電等支出，還有個更重要的費用「代墊款」，也就是幫客戶代墊國內政府的規費及國外事務所的費用！
>
> 　　聽到這個合夥人這樣問，雖然我只有120萬可用於創業，但是當下我從來沒想過退路，仍堅定的回答他說：「沒

有！」堅持下去是宏景和我們唯一的希望，也是唯一的目標。會這樣回答他，也是相信我自己一定能成功！而且當時確實有很多機會，只是沒預估到3～6個月的「龐大的代墊款」！

在我們最危難時，另一位貴人（蔡姓弟弟）出現，願意無息借款，事後我才得知其實他竟是拿家族的土地去借款，後來我便邀請他加入宏景，成為我的第二位合夥人，當時我已從100%持股變成80%持股！

靠著我們三人的努力，果然勝過一個諸葛亮，成功的獲取如友達、宏碁等大公司的案子！從外表看起來，似乎會過著幸福美滿的日子，但更嚴重的事情發生了，我們專注於開發客戶，卻忽視品質和交期，結果瑕疵的品質跟延遲的交期衍生而來的是嚴重的客訴，導致客戶出走及轉單！業務雖然拼命的開發案件，但因為後續承辦案件的流程不夠謹慎而失去客戶，最終也嚴重的影響了宏景這個品牌的聲譽，其中當然也不乏同業競爭對手的惡意中傷及造謠！

我深思檢討，該如何挽回局面？幸運的是，再一位貴人（李姓弟弟）剛好打電話給我，電話那頭傳來一個相當喪氣的聲音，他表示幫他的老闆打拚，卻讓他感受不好，他拿命拼，大老闆卻帶著家族拼命玩。當下，我便告訴他要好好思考「為何而戰？」想清楚了之後，宏景這個事業體誠摯的歡迎拿命拼的合夥人加入。後來他就成為了我生命中的第三個合夥人！而他很快知道宏景這個事業體的問題，立刻找了負責技術品質的第四個合夥人（張姓弟弟）加入！

就這樣，從起初的兩個人、兩張桌子以及4坪不到跟別

人一起分租的辦公室，到2011年我們的品牌「宏景」變成擁有（購置）超過400坪的辦公室、100位員工、5個分所外加兩家生物科技公司的跨國智權技術服務集團。截至2011年，管理合夥人（Managing Partner）有5位，全球的員工人數高達100人。其中有專利代理人、商標代理人、律師。員工中具有博士學位者、專利工程師擁有碩士以上學位者超過70%，其餘均為大學以上畢業，其中2/3以上的員工均精通兩種以上的語言。

「宏景」的臺北總部位於新北市中和區（當時的臺北縣中和市），總部辦公室空間約為400坪，另分別設有中和所、臺北法律所、臺中分所、臺南分所。且宏景更與全世界將近一百多個國家之專利商標法律事務所，有交互合作以提供全球化的服務。

對此，我們五個人深信有了數量與規模，才能創造最大的利潤，這也是個人在宏碁服務時，就已經深信不疑的生存不二法則，就如同現在叱吒風雲的鴻海、廣達、宏碁等降低自身的營運成本、嚴格管控支出，進而回饋客戶最優質的價格，並以更多樣化與客製化的產品與專業服務，與我們的客戶共同合作、分享與成長，這樣才會讓客戶與我們緊密而不可分離！而這樣的營運策略與作法同時也引起坊間其他同業爭相的模仿、仿效，看著同業競爭對手大幅哄抬價格，賣弄自身專業，並不是我們的目標！因為我們深信提供專業的服務是基本配備，進一步能控制成本而提供服務，那才是真功夫的專業。宏景的願望是與客戶共同成長，而不是想要從客戶身上撈一大筆錢；與我們的客戶共同學習，更深化為客戶專利部門中的專利部門，我們稱之為企業專利法務部門中的

隱形幕僚，這才是我們真正想做的！

　　一直到目前為止，宏景相信天道酬勤，賺錢與否不是我們這個階段所追求的，縱使遭受坊間其他同業無情的黑函攻擊與詆毀，但是我們深信只要努力不放棄一切，就能存活下去，不論是只有一開始5人的規模、50位員工的規模或者目前100位員工的規模，我們只想要生存下去，而結果會驗證所有努力的一切都是值得的。自2008年宏景成立法律部門接受委託專利侵權案件以來，至2010年8月所承辦的專利侵權訴訟獲得判決的獲勝機率高，舉發他人專利成功的比例更高達8成以上，而同業競爭對手幾乎都是資歷比我們大上2～3倍以上的事務所，而這些事務所的收費也可能是宏景的3～10倍以上！

　　未來，宏景這個事業體會以更細膩、低調與謙卑的態度面對我們的同業競爭對手，同樣地，我們也會以更積極、努力的態度迎接客戶委託我們的案件，當然也歡迎更多對專利法律行業充滿熱情的年輕人一起來開創自己的事業，加入宏景這個事業體大家族。

　　上述的個案是該作者公開於社群網站的一篇創業心得，該作者創業首重：

1. 創業信仰

　　「信仰」是對人、事、物或概念的信心或信任，該作者提到「天道酬勤」是個人創業的信仰，創業者都應該知道自己創業的信仰，有了信仰才能培養企業的文化，有了文化，企業員工也才

容易制定共識，共同朝向共識的願景及使命來努力，就像是臺灣台積電公司的願景及使命，如下：

(1) 願景：成為全球最先進及最大的專業積體電路技術及製造服務業者，並且與我們無晶圓廠設計公司及整合元件製造商的客戶群共同組成半導體產業中堅強的競爭團隊。為了實現此一願景，我們必須擁有以下能力：一是技術領導者，能與整合元件製造商中的佼佼者匹敵；二是製造領導者；三是最具聲譽、以服務為導向，以及客戶最大整體利益的提供者。

(2) 使命：作為全球邏輯積體電路產業中，長期且值得信賴的技術及產能提供者。

2. 品牌

品牌是表彰商品或服務的來源及識別，該作者提到：「2004年我創業了！母親大人找了數個算命師並搭配八字建議了幾個公司名，最後我選了『宏景』作為我這一生的品牌！」創業者都應該知道一個企業品牌的重要性，就像是星巴克，會讓您聯想到什麼呢？另外，品牌的保護也相當重要，像是本書作者的品牌「宏景」就申請了商標，如下：

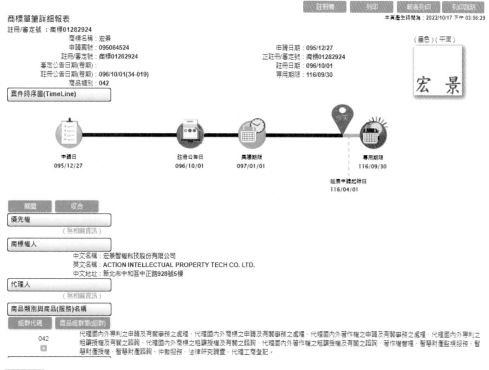

圖60 商標01282924

圖片來源：智慧財產局商標檢索系統，2022年10月6日查詢，https://twtmsearch.tipo.gov.tw。

3. 設立地點

　　設立地點對於人才的延攬或業務的擴展，是一個相當重要的議題，像是就近服務客戶。該作者提到：「2004年一開始暫設址於臺北市建國北路長春大樓」，創業者都應該仔細評估創業者產業，找尋適當的設立地點。除了上述人才的延攬或業務的擴展外，租金的費用也是需要考量的問題。

4. 人員聘用及職掌

　　人員聘用及職掌是一門複雜的學科，該作者提到：「創立初期僅有我一人且聘用一個助理，之後陸續增加幾位合夥人」，創業者都應該知道人員聘用及分工會決定企業的發展及品牌的形象，通常一企業至少會包含有幾位重要分工人員，如下：

(1) 執行長（CEO）：執行長（Chief Executive Officer，英文縮寫：CEO）或是行政總裁，通常是在一個企業或是組織中負責日常經營管理的最高級管理人員。

(2) 財務長（CFO）：財務長（Chief Financial Officer，英文縮寫：CFO）或是財務總監，通常是在一個企業負責掌管企業有關的募資、財務運作；企業資金調度、風險管理、企業成長方向規劃、資本市場與籌資開發規劃、財務核算及監控體系、企業的內控管理、企業的財務策略規劃、財務分析報告、成本分析等。

(3) 技術長（CTO）：技術長（Chief Technology Officer，英文縮寫：CTO）或是首席技術官、或是技術總監，代表的是一個企業或是組織中技術部分的最高負責人。

(4) 行銷長（CMO）：行銷長（Chief Marketing Officer，英文簡稱：CMO）或是行銷總監、或是首席行銷官，在企業或是組織中，專門負責行銷事務且具有決策權責的高階管理人員。

(5) 法務長（CLO）：法務長（Chief Law Officer，英文縮寫：CLO）或是首席法務官，代表一個企業或是組織，對外、對內的法律事務的管理而設定的行政職務。

　　當然，上述職掌也可能因企業有限的人力預算，一個人也能

兼任多個職掌。另外，上述職掌通常會對企業或是組織中董事會或是股東大會負責。上述的職務除了執行長通常是屬於總經理或是董事長等最高職等，其餘像是財務長、技術長、行銷長或是法務長等通常屬於副總（Vice President）等高層副級職，仍依照執行長指揮執行企業或是組織中所交付的工作或是任務。

5. 服務差異化

　　服務差異化的目的在於區隔不同市場服務，該作者提到：「憑藉著之前在企業內部超過10年的專利申請經驗與專利侵權訴訟實戰歷練，以企業專利法務部門的隱形幕僚為目標來創造個人事業體的文化及目標。」創業者都應該了解自己的優勢及劣勢，進而提供具有競爭力的差異服務化。像是臺灣鴻海公司，是一家電子製造公司，創立之時主要從事模具製造，日後跨入電子機械代工領域，從製造連接器、電線電纜、電腦機殼、電源供應器等零件，到電腦組裝準系統與行動電話等產品均開展業務，現今其事業版圖已經涉及所有的資訊科技產品組裝代工，之後成為臺灣第一大民營企業。

6. 營運資金

　　「金錢不是萬能，沒有錢卻是萬萬不能。」這句話尤其是對於企業或是組織所需的營運資金的運用，更是貼近所有創業者的心聲。該作者提到：「他眉頭深鎖看著只剩下8,000元的公司存摺，淡淡地說：『我們還有退路嗎？』當初我壓根沒想到，原來開公司的費用不是只有人事、房租、水電等支出，還有個更重要的費用『代墊款』，也就是幫客戶代墊國內政府的規費及國外事務所的費用。」創業者除了注意企業或組織中每月的固定支出開銷（包含人事、房租、水電等），對於所屬產業可能需要的代墊

款，尤其是該代墊款回收的週期時間，或是代墊款成為呆帳（倒帳）的危機風險。

7. 營運精神

不同的創業者，有著不同的成長環境及不同的人格特質。該作者提到：「堅持下去是宏景和我們唯一的希望，也是唯一的目標。」創業者都應該有堅持及不屈不撓的創業家精神。要知道成功模式是無法複製，其原因很簡單，因為在不同的企業或是組織中，不可能有完全相同的一群人，且該群人也不可能有相同的成長環境跟相同的人格特質。每一位創業者都應該要切記創業維艱且後續的守成不易，唯有持續創意、創新且堅持企業或是組織的基業長青，方能堅持百年企業或組織。

8. 獨資或合夥

不同的企業或組織，在不同的人、事、時、地、物（產品或服務）會有不同的企業型態。獨資或是合夥，乃至公開發行股票，進而上市櫃，仍端看創業者在不同人、事、時、地、物（產品或服務）的實際需求。該作者提到：「在我們最危難時，另一位貴人（蔡姓弟弟）出現，願意無息借款，事後我才得知其實他竟是拿家族的土地去借款，後來我便邀請他加入宏景，成為我的第二位合夥人，當時我已從100%持股變成80%持股！」創業者對於資金、人才的延攬或是拉攏，是一門相當複雜的申論題。

9. 品質及交期

品質及交期往往是一種特別的競合關係，該作者提到：「更嚴重的事情發生了，我們專注於開發客戶，卻忽視品質和交期，結果瑕疵的品質跟延遲的交期衍生而來的是嚴重的客訴，導致客戶出走及轉單！」創業者都應該知道一個企業或組織中，穩定的

營運，在於穩定的營運現金收入及支出，也唯有穩定的品質及穩定的交期，才會有穩定的客戶及穩定的口碑。

10. 客訴處理

　　客戶是上帝，其實不然，一個企業或組織，可以不用將客戶當成上帝，但是該企業或組織可以成為客戶的天使，傾聽客戶的需求，滿足客戶的需求，進而降低客戶的抱怨或是客訴，也是上述品質及交期的重要因素。該作者提到：「業務雖然拼命的開發案件，但因為後續承辦案件的流程不夠謹慎而失去客戶，最終也嚴重的影響了宏景這個品牌的聲譽，其中當然也不乏同業競爭對手的惡意中傷及造謠！」創業者都應該隨時隨地如同天使般在客戶身旁，進而營造天堂般的商品及服務。

11. 與客戶共贏

　　客戶不是上帝，企業或是組織提供天使般商品或服務也需要穩定的營運現金收入及穩定利潤，該利潤進而延攬更多人才或是投入更多資本設備，進而與客戶雙贏，共創天堂般的供需服務市場。該作者提到：「宏景的願望是與客戶共同成長，而不是想要從客戶身上撈一大筆錢；與我們的客戶共同學習，更深化為客戶專利部門中的專利部門，我們稱之為企業專利法務部門中的隱形幕僚，這才是我們真正想做的！」創業者都應該知道企業或組織的客戶有可能是法人（企業或組織）或是自然人（消費者），對於法人客戶，要知道且了解該法人客戶的客戶及商品或服務，創業者才可能知道該法人客戶真的需求，進而提供與客戶雙贏，甚至是與該法人客戶的客戶一起三贏。

12. 同業競爭

　　同業競爭在任何產業上是必然的，除了特許事業或是國家營

運的事業。該作者提到：「這樣的營運策略與作法同時也引起坊間其他同業爭相的模仿、仿效，看著同業競爭對手大幅哄抬價格，賣弄自身專業，並不是我們的目標！」創業者應該要認同同業競爭，但是都應該朝向良性且正向的競爭，若是遇到惡性競爭或是低價競爭且已經達到紅海市場（無利潤或是虧本），創業者都應該要帶領企業進行轉型或是為了避免紅海市場的發生，該企業也可以利用專利申請布局，來遏止後繼者或是市場價格破壞者進入該市場。

13. 企業傳承

根據臺灣一份2019年雜誌報導提到：「日本千年以上企業有21家，最老的從事建築的金剛組西元578年成立，500年以上的企業有147家、300年有1,938家、200年以上有3,939家，百年以上企業有25,321家。而全球的百年企業排行第二的美國有11,733家，往下排行是德國、英國、瑞士、義大利、法國、奧地利、荷蘭及加拿大。」企業如何百年永續經營，對於人才延攬及客戶對於該品牌的認同感，具有相當程度的重要性，而且該品牌通常不需要落入價格的競爭。該作者2004年第一代創業至2022年已近18年，企業如何傳承是該作者與各位讀者（未來的創業者）需要一起未雨綢繆。時代及市場的瞬間變化，像是元宇宙的世界到來，都會是創業者不同階段所要面臨的不同挑戰。

14. 內部創業或多元經營

銷售渠道的網路化、交通的便利化、企業資本化所需的成長等等，都讓所有產業的企業不得不思考，如何在企業目前自身的核心技術中再進行創新，進而讓創新部門內部創業或多元經營，延展該企業的類市場版圖，來增加該企業的成長。該作者以集團

品牌型態管理且整合國內外專利事務所、商標事務所、法律事務所，進而延伸醫療器材查驗登記，成立安規檢測實驗室等等。創業者都應該確保企業自身的核心技術或專長，當然，人才的延攬或是企業併購最有助於增加該企業的核心技術或專長，但是人才的延攬或是企業併購要注意，一加一是否大於二，否則，該內部創業或是多元經營反而會拖累該企業本業，甚至導致該企業的財務危機，嚴重時更導致該企業倒閉，或衍生更多骨牌效應。

(二)創業中期與智慧財產權布局

　　創業者在企業初期首重本書所提創新及創意，乃至於創業初期應注意事項。隨著創業者的創業及經營經驗的累積，通常創業者在創業超過3或5年之後，創業者的企業開始會面臨更多國內或國際的智慧財產權爭議，這些爭議有更多的專利侵權問題，該企業是主張專利權的原告或是被控侵害他人專利的被告。無論是原告或是被告，對於該企業的經營勢必會產生更多的成本支出，甚至是客戶訂單的不確定性。創業者如何在創業中期開始布局其智慧財產權，是一個相當重要的議題，以專利侵權為例：

1. 當創業者是專利權人時，如何針對競爭對手主張其專利權是一門複雜的管理藝術。

   (1) 營業祕密保護及專利申請的取捨：創業者要清楚知道企業的核心技術或專長，該技術或專長，那個部分應該利用營業或商業祕密保護，這部分包含該企業針對該技術或專長必須有一定程度的保密機制、設備或方法。而非營業或商業祕密的另一部分，本書則建議創業者可以申請專利，該專利的申請應依照可能製造、進口、販賣的國家或區域進行個別申請專利保護。

(2) 利用專利警告信或存證信函確保客戶訂單：創業者應該知道如何利用警告信或存證信函來打擊競爭對手，進而拉攏現有或潛在客戶的訂單。

舉例來說：

警告信或存證信函並無一定格式，但是通常包含幾個部分。

	Dear President（Name）,
第一部分	We hereby notice you that your company is infringing the <u>Patent Number</u> we have legally owned their rights, by your products such <u>Product Name</u>. Attached are a copy of the patents and the respective claim charts. （告知對方專利號和侵權產品，並強調我方是專利擁有者。）
第二部分	<u>After analysis of the claims of the patents, we believe that your other similar products you distributed are possibly infringing the patents,</u> even our patents listed in the attached chart. （告知對方其他類似產品也可能侵權我方其他專利。）
第三部分	We hereby <u>demand your company to immediately cease and desist from any further activities of infringing the said patents, including distribution of the similar products</u>. If your company fails to proceed accordingly, we will then take legal actions to pursue a resolution of this mater. （要求對方立即停止侵權行為，否則將直接進入司法程序。）
第四部分	We have also valued our possible mutually beneficial relationship between our companies in the future. We look forward to your cooperation and prompt response. （請對方盡速回應。）

Sincerely yours,
Legal Department of
Our Company Name
（要附件「比對報告」。）

第一部分包含告知競爭對手我們的專利號，並且強調我們是專利合法擁有者，同時告知該競爭對手可能侵犯該專利號的疑似侵權商品或服務。請注意，專利是屬地主義，像是中華民國的專利號就必須比對該競爭對手在中華民國所製造、販賣或進口至中華民國的侵權商品或服務。

第二部分包含告知競爭對手，我們還有其他各國或其他領域的專利號（可以列表，作為該警告信的附件），我們相信該競爭對手可能在各國也有其他類似產品也疑似侵害我們的該列表的其他專利。

第三部分包含告知競爭對手，我們要求該競爭對手，立即停止疑似侵權行為，否則，將會直接進入可能的司法程序。

第四部分包含告知競爭對手，請該競爭對手收到該警告信或存證信函後，於一定期限內回覆。在這裡建議可以直接給予特定日期，通常是一週、二週或三週內期限。

第五部分包含針對前述所提到專利號及疑似侵權商品或服務，進行比對，是否構成文義侵權（全面侵權原則；逐字侵害）或已構成均等論侵權（等同原則；均等侵害）。

2. 當創業者收到競爭對手（專利權人）的專利警告信或存證信函，創業者要清楚知道如何適當回覆。

(1) 收到該競爭對手的專利警告信或存證信函後，必須盡速回

信，否則，若有侵害判決，該耽誤則有惡意侵害的嫌疑（Willful Infringement），會有三倍賠償的可能。

(2) 若該競爭對手的專利警告信或存證信函未明示創業者企業的哪一商品或服務在侵害哪一專利的哪一項權利範圍（Claim），或該競爭對手沒有附上相關專利的影本，創業者的第一次回函可以要求該競爭對手提供更詳盡的根據資料。請注意，創業者在此時無須主動提供任何證據給該競爭對手。

(3) 若該競爭對手的專利警告信或存證信函的確明示以上所述，創業者的第一次回函應表示創業者企業會重視此事而且會展開調查及研究的措施，請注意，創業者企業在第一次回函中請務必避免承認任何侵害。

(4) 創業者企業的第一次回函後，即可於創業者企業內部進行閱讀該競爭對手的專利警告信或存證信函所附上的專利權利範圍及對應說明書後，創業者即可會同創業者企業內部或是外部供應商的相關技術及業務人員，進行初步的侵害分析檢討，像是公司是否出產相關商品或服務；若有，是否實際使用該項專利技術。

(5) 創業者企業內部或是外部供應商初步檢討後，若能確定無侵害，創業者企業的第二次回函只需說明有此結論而且註明「經過分析後，本公司認為無侵害，因而此事件就到此為止」。

(6) 若創業者企業內部或是外部供應商發現構成專利侵害，則可進行專利無效分析或是進行授權談判或是進行交互授權。

舉例來說：

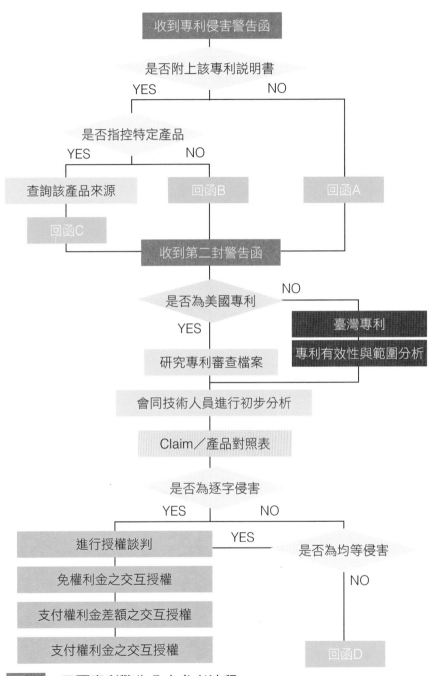

圖61　回覆專利警告函之參考流程

回函A：包含向對方要求專利說明書（Request Patent Copies）。

回函B：包含要求對方說明侵害產品（Identify Infringing Products）。

回函C：包含確認供應商已被授權或該項專利未被授權，流程如圖62。

回函D：只需說明有此結論而且註明「經過分析後，本公司認為無侵害，因而此事件就到此為止」。

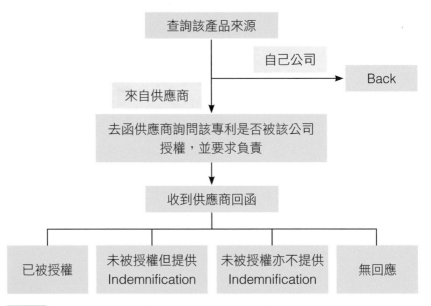

圖62　確認供應商是否已被授權之參考流程

(三)上市櫃準備

當創業者企業的營業達到一定規模，上市（櫃）通常是一種提高企業知名度、延攬人才及獲取融資的方法之一，本書作者之

一在2013年發表論文有關智財服務業者在臺灣上市櫃可行性與規劃之研究，該研究中，採用質性研究之個案研究方法，依據上市（櫃）法源探討申請上市櫃可能遭遇的問題，再經團體專家審查並提供建議。最後以個案公司上市（櫃）申請之規劃案例，透過成本與技術可行性分析法（Feasibility Analysis）來確認智財服務業之上市、上櫃的具體方案，達到智財服務業者順利籌資的目標。最後以該作者自身的智財服務公司上市（櫃）的實例，來說明申請規劃及研究成果，並於2016年11月在臺灣證券櫃檯買賣中心掛牌上市（股票代號7511），後續該公司礙於法規及自身公司跨國發展，已於2020年3月終止該公司登錄臺灣證券櫃檯買賣中心創櫃板。

1. 上市櫃：通常指的是首次公開發行（Initial Public Offering，簡稱IPO），主要是企業透過證券交易市場首次公開發行上市或是上櫃股票以供投資者認購，以期募集用於企業發展資金的過程。
2. 上市股票：在臺灣證券交易所公開發行，且在集中市場掛牌交易的都屬於上市股票。
3. 上櫃股票：股票交易在臺灣證券櫃檯買賣中心公開發行，且在店頭市場掛牌交易的都屬於上櫃股票。
4. 上市櫃流程通常包含有：
   (1) 輔導階段：在此階段建議與會計師及後續證券公司輔導公司（券商）簽約的規劃討論，後續，與券商簽約、董監事及大股東股權規劃、內控內稽制度建立、券商進行不宜條款與重大問題初核、會計師出具財報及內控專審報告、向證期局申請補辦公開發行、公開發行案申報生效、申報上

市（櫃）輔導、申請股票無實體交易、設置薪酬委員會、登錄興櫃、股東會改選董監（選舉獨立董事）以及券商進行不宜條款複查與輔導改善等輔導事項。

(2) 審查階段：此階段則是向臺灣證券交易所或是臺灣證券櫃檯買賣中心申請上市或上櫃審查，這階段仍建議與會計師及後續證券公司輔導公司（券商）簽約的規劃討論。

(3) 承銷階段：此階段則待臺灣證券交易所或是臺灣證券櫃檯買賣中心核准股票上市。

Chapter **4**

創商

一、創造商機與漏斗行銷

為什麼需要做市場調查以及行銷策略的分析

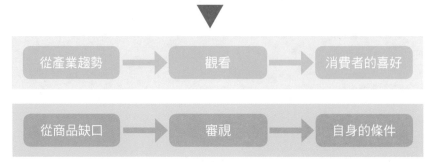

| 從產業趨勢 | → | 觀看 | → | 消費者的喜好 |
| 從商品缺口 | → | 審視 | → | 自身的條件 |

圖63 市場調查與行銷策略的概念

　　創造商機與利潤是企業與每個經營者想追求的目標，因此不論是產業或者銷售的有形、無形商品，行銷的目的是在將潛在的消費族群轉化成自身的客群，在透過各種方式取得消費者名單與人群之後，將之轉化成為自身產業與商品的訂單，也就是說使這些潛在消費族群成為客戶並成功購買自身產業的商品。初始階段先透過曝光去接觸大量消費者人群後，再慢慢透過一連串行銷手法，逐漸引導潛在的消費族群進入漏斗，然後將所有接觸過的消費族群名單，轉化成為一筆筆的有效訂單。

1. 在第一階段先使之看到廣告。
2. 第二階段為使之點擊廣告。
3. 第三階段使之加入購物車。
4. 第四階段使之完成購買與訂單。

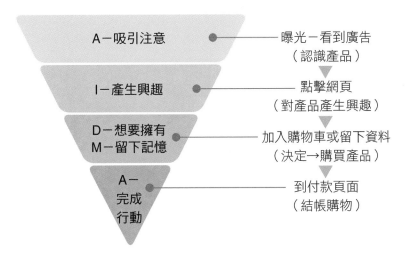

圖中文字：

A－吸引注意　　　　　曝光－看到廣告
　　　　　　　　　　（認識產品）

I－產生興趣　　　　　點擊網頁
　　　　　　　　　　（對產品產生興趣）

D－想要擁有　　　　　加入購物車或留下資料
M－留下記憶　　　　（決定→購買產品）

A－
完成
行動　　　　　　　　到付款頁面
　　　　　　　　　　（結帳購物）

圖64　漏斗行銷架構圖與各階段策略

從曝光一直到顧客回訪，每一個階段都有其目標與策略：

1. 階層性：由一層到多層，購買程序愈多愈複雜，那麼階層就會愈多。

2. 細目性：每一階層都包含著其商業活動與細目，例如企業和顧客雙方對細目的重視，可能就會不相同。

3. 過濾性：能通過一階層的過濾，稱之為「轉換率」；相反的就是「流失率」。轉換率＋流失率＝100%。

　消費者必須通過所有每一階層的過濾，才會成為最後的購買使用者。而愈優質的公司與產品，每一個階層的消費者與顧客之轉換率愈高。

4. 鏈結性：每一階層都是環環相扣，鏈結連接一起。任一個鏈結的績效，也會影響整體行銷之效果。鏈結的強度，不在於最強處，而是決定在其最弱之處。因為代表消費者一旦斷鏈，就會

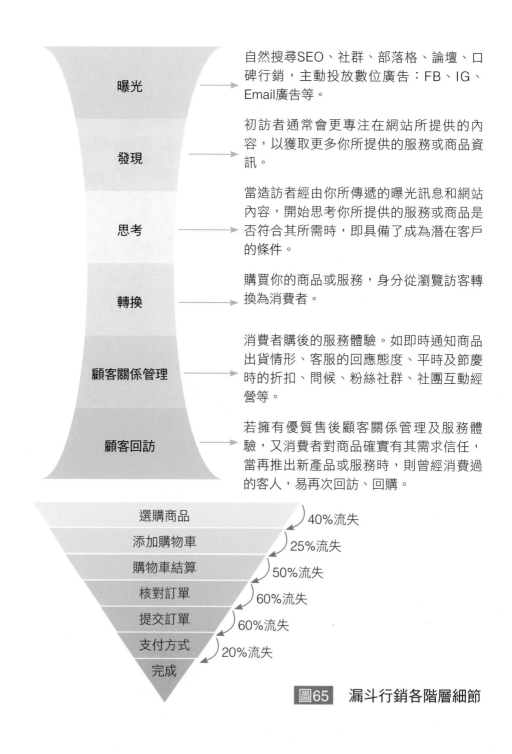

曝光
自然搜尋SEO、社群、部落格、論壇、口碑行銷,主動投放數位廣告:FB、IG、Email廣告等。

發現
初訪者通常會更專注在網站所提供的內容,以獲取更多你所提供的服務或商品資訊。

思考
當造訪者經由你所傳遞的曝光訊息和網站內容,開始思考你所提供的服務或商品是否符合其所需時,即具備了成為潛在客戶的條件。

轉換
購買你的商品或服務,身分從瀏覽訪客轉換為消費者。

顧客關係管理
消費者購後的服務體驗。如即時通知商品出貨情形、客服的回應態度、平時及節慶時的折扣、問候、粉絲社群、社團互動經營等。

顧客回訪
若擁有優質售後顧客關係管理及服務體驗,又消費者對商品確實有其需求信任,當再推出新產品或服務時,則曾經消費過的客人,易再次回訪、回購。

選購商品　40%流失
添加購物車　25%流失
購物車結算　50%流失
核對訂單　60%流失
提交訂單　60%流失
支付方式　20%流失
完成

圖65　漏斗行銷各階層細節

離開或流失，例如提高試穿鞋子的舒適感，此時舒適度就是鏈結必須要改善的重點與關鍵。

5. 循環性：消費者完成購物成為顧客，就代表已經完成與順利通過漏斗的過濾，在下次購物時，又要從漏斗的最上端重新開始，逐一逐一通過每一個階層。

6. 合併性：對可能的消費者與顧客而言，每一個階層都是代表著不同的購物成本，在熟悉或信任之後，消費者與顧客都可能會合併階層，以節省成本。

因此如何從廣大的消費族群找到企業或商品的使用者與真正的顧客，才是真正能將這些潛在的消費者轉換成購買的顧客，以及轉換成真正的營收和利潤。這就要做到精準行銷，找到真正的顧客對其做有效的行銷，除了不斷開發新客戶，也可以從舊客戶之中再做行銷與服務，使老客戶再次回購。

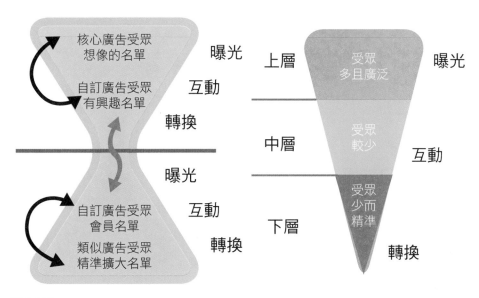

圖66 漏斗行銷與精準行銷受眾關係

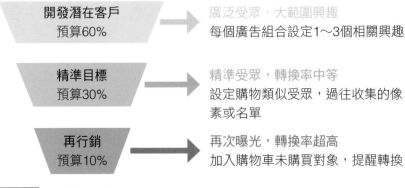

開發潛在客戶
預算60%

廣泛受眾，大範圍興趣
每個廣告組合設定1～3個相關興趣

精準目標
預算30%

精準受眾，轉換率中等
設定購物類似受眾，過往收集的像素或名單

再行銷
預算10%

再次曝光，轉換率超高
加入購物車未購買對象，提醒轉換

圖67 精準行銷

二、創造商機與行銷創新擴散理論

創新擴散理論是美國學者埃弗雷特·羅傑斯（Everett M. Rogers）於20世紀、60年代所提出的觀點，他認為創新擴散是一種基本社會過程，包含五個階段：

1. 了解階段：此階段為初始接觸新事物或新技術，所知仍甚少。
2. 興趣階段：發生興趣並且尋找更多訊息。
3. 評估階段：考量需求以及是否接納。
4. 試驗階段：觀察是否適合。
5. 採納階段：採納並決定，開始大範圍實施。

Rogers也將「個人的創新性與擴散」分為五個階段與等級：先驅者（Innovator）、早期使用者（Early Adopters）、早期多數（Early Majority）、晚期多數（Late Majority），以及落後者（Laggards）等五種不同類型的採用者（Adopters）。

1. 先驅者（Innovator）：是採用「創新」的先鋒者，有其優點，但也因為過於快速接受「創新」，會顯得冒險與魯莽之缺失。

2. 早期使用者（Early Adopters）：具有意見領袖之特質，其領導特質與影響力對後續的使用者，有決定性與關鍵性的影響，對「創新」之推廣的影響較為深遠。在熱誠、人際關係、影響力，使其成為後來是否能有效的關鍵點。

3. 早期多數（Early Majority）：在經過早期使用者之後，這個族群與這個階段，會經過深思熟慮之後而接受「創新」。

4. 晚期多數（Late Majority）：是較為緩慢與多疑的一個族群，在對相關的疑慮消除之後，會逐漸接受並成為採用者。

5. 落後者（Laggards）：這個族群則是較為傳統、保守，等到晚期與多數人都已經接受及使用之後，他們也已經消除疑慮，是最後採用「創新」的一個族群。

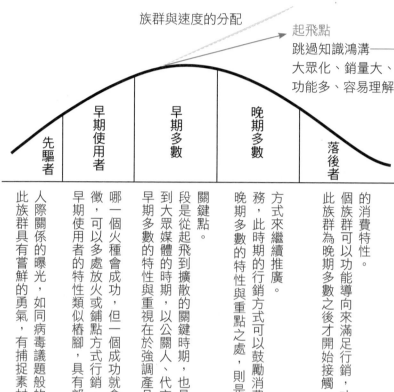

行銷創新擴散理論（羅傑斯）

族群與速度的分配

起飛點
跳過知識鴻溝——
大眾化、銷量大、
功能多、容易理解

先驅者 / 早期使用者 / 早期多數 / 晚期多數 / 落後者

行銷策略

先驅者

此族群具有嘗鮮的勇氣，有捕捉素材的能力，具有傳染力，透過人際關係的曝光，如同病毒議題般的行銷方式擴散。

早期使用者

哪一個火種會成功，但一個成功就會形成擴散效果而擴散。

徵，可以多處放火或鋪點方式行銷，透過社群媒體轉發，不確定早期使用者的特性類似樁腳，具有部落客效應影響力、多元化特

早期多數

段是從起飛到擴散的關鍵時期，也是產品從小眾化轉到大眾化的到大眾媒體的時期，以公關人、代言人、意見領袖為多數，此階早期多數的特性與重視在於強調產品的簡單訴求，是社群媒體轉

關鍵點。

晚期多數

務，此時期的行銷方式可以鼓勵消費者做體驗故事的分享，以此晚期多數的特性與重點之處，則是在於口碑的回饋、維護及服方式來繼續推廣。

落後者

此族群為晚期多數之後才開始接觸，是產品使用者的落後者，這個族群可以功能導向來滿足行銷，功能需要較多以滿足此一族群的消費特性。

圖68　行銷創新擴散理論圖示

三、創商與智慧財產

(一) 創新商業模式與軟體專利保護

在現今商業模式中，像是亞馬遜、Google、微軟、阿里巴巴、淘寶、抖音或是Uber等創新商業模式，可視為現今創新商業模式的楷模企業。然而，在該楷模企業已然成為巨型或是獨角獸型的國際企業中，新創的創業者如何再創新且發揮創意，乃至創業，可參考本書中所述建議的方法，像是推陳出新等創新方法。本書作者之一，針對該自身專業，提出智財業者在臺灣上市櫃的創新商業模式，但是礙於臺灣律師包含專利（代理）師，都因法律規定，像是臺灣《律師法》第48條及第49條有關律師事務所規定以及臺灣《專利師法》第7條及第11條有關專利代理師執行業務及責任規定，需藉由合夥或由個人組成律師事務所，才能執行律師事務，然而臺灣現行上市（櫃），必須以（股份）公司型態，創業者必須要知道任何創新商業模式的實踐都應確認各國相關法規，且待確認其法規可支持後，本書在這裡才會建議對該創新商業模式進行相關智慧財產權的保護，尤其是創新商業模式通常會將該模式的創新流程進行其軟體專利的保護，但，請注意，該軟體專利保護必須是各國電腦軟體專利審查基準的保護標的。另外，該軟體專利的保護標的，不可以違背自然法則、或是數學公式、或是單純商業方法、或是僅人為規則等抽象概念，而且該軟體專利保護的範圍通常必須含有一定的技術含量，像是利用特定技術手段來解決特定的技術問題。再者，該軟體專利在實踐時，必須能夠產生特定技術領域的相關功效或是該技術領域通常無法直接聯想或容易預期的功效。

舉例來說：

亞馬遜（Amazon）公司是一家總部位於美國西雅圖的跨國電子商務企業，目前是全球最大的網際網路線上零售商之一，自2013年開始陸續在美國專利商標局申請有關無人商店的相關專利技術。

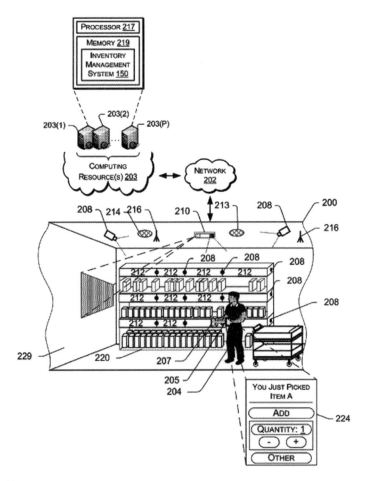

圖69 美國專利US10268983B2圖式

圖片來源：United States Patent and Trademark Office，2022 年 10 月 19 日查詢，https://www.uspto.gov/trademarks/search。

知名電商亞馬遜公司提出的無人商店Amazon Go的便利商店，主張不用排隊結帳，直接在無店員的商店內取得所需商品，即可同時完成結帳及離開商店的消費方式，一開始於2016年12月5日先開放於亞馬遜公司內部，後續於2018年1月22日在美國西雅圖正式對外營運。

(二) 創新商業模式與金融科技

創新商業模式在金融科技領域上，除了銀行等金融機構以外，國內外各大企業已相繼投入該金融科技領域，像是阿里巴巴集團、中華電信集團或是鴻海集團。

金融科技（Financial Technology，簡稱FinTech），是指一群企業或是銀行運用科技或數位化手段使得金融服務變得更有效率，因而形成的一種經濟產業，該科技或數位手段通常會利用軟體發明專利進行保護或是因該軟體發明專利所需而搭配相關硬體，像是雲端設備來進行發明或新型的系統或裝置專利來進行保護。

舉例來說：

臺灣銀行是臺灣第一家銀行，創立於日治時代初期的1899年，全球分行計超過數百間，無論淨值、資產總額、存放款餘額，皆為臺灣各銀行之最，且該銀行陸續在中華民國智慧財產局申請有關金融科技的專利保護，如下：

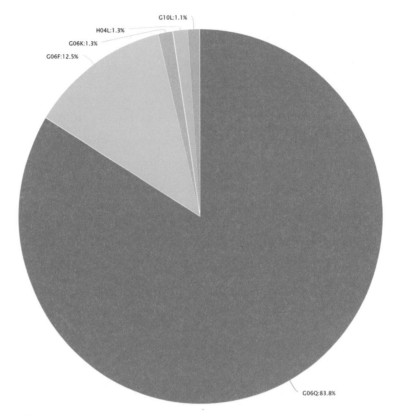

國際分類號

G10L:1.1%
H04L:1.3%
G06K:1.3%
G06F:12.5%
G06Q:83.8%

圖70　專利申請人「臺灣銀行」專利IPC

圖片來源：中華民國專利資訊檢索系統，2022 年 10 月 19 日查詢，https://twpat1.tipo.gov.tw。

　　以臺灣銀行為專利申請人，利用國際專利分類號（IPC）可以看到臺灣銀行在G06Q占比最大，主要是專門適用於行政、管理、商業、經營、監督或預測目的的數據處理系統或方法；其它類目不包含的專門適用於行政、管理、商業、經營、監督或預測目的的數據處理系統或方法。

另外，在G06F也有一定占比，主要是電子數位資料處理（部分計算係用液壓或氣動完成的計算機）；光學者；基於特定計算模型的計算機系統；應用數位技術之阻抗網路等技術。

再者，若是僅利用臺灣銀行上述布局金融科技占比較大的國際專利分類（G06Q AND G06F），可以看到阿里巴巴集團、中華電信集團或是鴻海集團布局金融科技占比反而遠超過銀行等金融機構，主要原因當然是銀行等金融機構的核心技術在於金融管理本身，而該金融管理所需工具（金融科技）通常會跟其他科技企業合作。

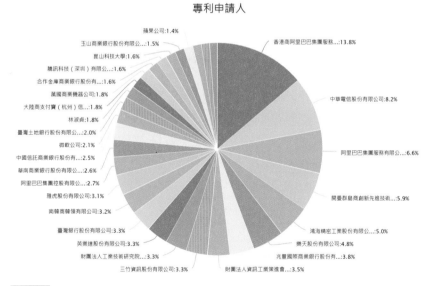

專利申請人

蘋果公司:1.4%
玉山商業銀行股份有限公...:1.5%
崑山科技大學:1.6%
騰訊科技（深圳）有限公...:1.6%
合作金庫商業銀行股份有...:1.6%
萬國商業機器公司:1.8%
大陸商支付寶（杭州）信...:1.8%
林淑貞:1.8%
臺灣土地銀行股份有限公...:2.0%
微軟公司:2.1%
中國信託商業銀行股份有...:2.5%
華南商業銀行股份有限公...:2.6%
阿里巴巴集團控股有限公...:2.7%
雅虎股份有限公司:3.1%
南韓商韓領有限公司:3.2%
臺灣銀行股份有限公司:3.3%
英業達股份有限公司:3.3%
財團法人工業技術研究院...:3.3%
三竹資訊股份有限公司:3.3%

香港商阿里巴巴集團服務...:13.8%
中華電信股份有限公司:8.2%
阿里巴巴集團服務有限公...:6.6%
開曼群島商創新先進技術...:5.9%
鴻海精密工業股份有限公...:5.0%
樂天股份有限公司:4.8%
兆豐國際商業銀行股份有...:3.8%
財團法人資訊工業策進會...:3.5%

圖71 國際專利分類（G06Q AND G06F）分析

圖片來源：中華民國專利資訊檢索系統，2022 年 10 月 19 日查詢，https://twpat1.tipo.gov.tw。

(三) 創新商業模式與元宇宙

　　Metaverse一詞，元宇宙，根據前亞馬遜工作室戰略主管 Matthew Ball於2020年的系列文章，該元宇宙具備特性至少包含有持續性存在的世界、即時且同步發生在同一個世界內、參與著該世界的每個人具有獨立性及自主性、該世界具有完整運作的經濟體系、該世界內可以虛擬與真實世界相通、該世界的數位資產具有可攜性、該世界具有大量的創作內容與體驗等，未來若是元宇宙的世界逐步成熟（具有一定經濟生態），屆時，如何在該世界中實施各種創新的商業模式會是一個重要議題，該創新的商業模式在元宇宙世界中除了必要的技術支援外，像是區塊鏈（Blockchain）、虛擬現實（Virtual Reality）、增強現實（Augmented Reality）、人工智慧（Artificial Intelligence）等技術，該技術本身通常會用發明或新型專利保護該創新的方法、系統或是裝置結構，該技術衍生的結果或展現的結果，可能會用外觀設計專利或立體商標保護其形狀、花紋或搭配的色彩。另外，該技術衍生的表達內容也有可能產生各種著作權可以保護的標的，像是該世界中的文學作品。

參考文獻

Albert, R. S. (1990). Identity, experiences, and career choice among the exceptionally gifted and eminent. In M. A. Runco & R. S. Albert (Eds.), *Theories of creativity*. Sage Publications, Inc.

Csikszentmihályi, M. (1990). The domain of creativity. In M. A. Runco & R. S. Albert (Eds.), *Theories of creativity*. Sage Publications, Inc.

Parness, S.J. (1967).Creativity behavior guidebook.State University of New York College at Buffalo,Chales Scribner's Sons.

Simonton, D. K. (2006). Creative genius, knowledge, and reason. *Creativity and reason in cognitive development*.

Wallas, G. (1926). *The art of thought*. London, UK: Jonathan Cape.

Wertheimer, M. (1938). Gestalt psychology. *Source Book of Gestalt Psychology*. New York: Harcourt, Brace and Co.

ETtoday新聞雲／ETtoday財經雲2017-08-02／星巴克傳奇／商標連4變　美人魚竟是希臘神話女海妖，2022年10月6日查詢，https://finance.ettoday.net/news/978518。

Esther Thorson & Jeri Moore編，吳宜蓁、李素卿譯，《整合行銷傳播》，Duncan & Caywood (1999)，整合行銷傳播的概念展與變革，頁5-24，臺北：五南。

中華民國商標圖形檢索系統，https://twtmsearch.tipo.gov.tw/OS0/OS0103.jsp。

中華民國專利檢索系統，2022年10月6日查詢，https://twpat.tipo.gov.tw/。

文化部專題文章，國際文創市場的智財權共通性關係，2007年5月，http://www.joinlaw.com.tw/article/show_article.php?id=13。

文化部（2022年9月30日），2021年臺灣文化創意產業發展年報，https://taicca.tw/article/f9e44cd3。

文建會，臺灣文化創意產業發展年報，2010，https://stat.moc.gov.tw/Research_Download.aspx?idno=13。

台灣積體電路製造股份有限公司願景與使命，https://www.tsmc.com/chinese/aboutTSMC/mission。

全球品牌檢索系統，https://www3.wipo.int/branddb/en/。

行政院經濟建設委員會，文化創意產業概況分析調查，2002，http://scholar.fju.edu.tw/%E8%AA%B2%E7%A8%8B%E5%A4%A7%E7%B6%B1/upload/037680/content/1002/D-9002-19897-.pdf。

自然法則；經濟部智慧財產局專利主題網／首頁／專利法規／歷年專利法規／歷年專利審查基準／歷年專利審查基準彙編，2022年10月6日，https://topic.tipo.gov.tw/patents-tw/cp-687-870143-cf9cd-101.html。

佐口七朗（1991），《デザイソ概論》，東京：株式會社。

亨利‧列斐伏爾（2021），《空間的生產》，臺北：商務印書館。

呂宗耀，霹靂國際多媒體榮耀木偶戲－黃強華、黃文擇傳家風立典範，今周刊，929期，2014，https://www.businesstoday.com.tw/article-content-80444-111063。

李明陽，什麼是智慧財產權，對創業家為什麼重要？，2018年3月29日，https://home.kpmg/tw/zh/home/insights/2018/03/11-lessons-for-startup-ceo-ch9.html。

林品章（1996），《商業設計》，臺北：藝術家。

林富美，價值產值化—文創產業價值鏈建構與創新計畫效益評估，國土及公共治理季刊，4卷3期，2016年9月1日，pp.86-98。

林磐聳（1985），《企業識別系統CIS》，臺北：藝風堂。

財團法人國家實驗研究院科技政策研究與資訊中心 科技產業資訊室／首頁／專利情報／商標科技產業資訊室 (iKnow)，May發表於2018年11月30日，https://iknow.stpi.narl.org.tw/Post/Read.aspx?PostID=15057。

財團法人國家實驗研究院科技政策研究與資訊中心 科技產業資訊室／首頁／專利情報／專利布局科技產業資訊室 (iKnow)，Kyle發表於2021年11月16日，https://iknow.stpi.narl.org.tw/Post/Read.aspx?PostID=18483。

國家發展委員會，創意臺灣—文化創意產業發展方案行動計畫，2009，https://ws.ndc.gov.tw/Download.ashx?u=LzAwMS9hZG1pbmlzdHJhdG9yLzEwL3JlbGZpbGUvNjA5NS8xMTcxMi8wMDEyNDQ1XzgucGRm&n=5paH5YyW5Ym15oSP55Si5qWt55m85bGV5pa55qGIICAgIOihjOWLleioiOeVqy5wZGY%3D&icon=..pdf。

國家教育研究院首頁／成語檢索／正文／[推陳出新]，2022年10月5日，https://dict.idioms.moe.edu.tw/idiomView.jsp?ID=1061&q=1。

專利檢索系統，https://pcm.tipo.gov.tw/PCM2010/PCM/commercial/01/PatentMap.aspx?aType=1&Articletype=1。

許安琪（2001），《整合行銷傳播引論》，頁235，臺北：學富文化。

許安琪、邱淑華（2004），《廣告創意：概念與操作》，臺北：揚智。

陳宗權、韓伯鴻、袁新桃，新加坡創新研發及研發成果管理與維護機制，行政院國家科學委員會，2010，https://report.nat.gov.tw/ReportFront/PageSystem/reportFileDownload/C09900088/001。

陳益智，【法評】文創法定義文創產業的目的，臺灣智慧財產管理制度TIPS，2020，https://www.tips.org.tw/news_view.asp?sno=BFCFDG。

陳裕禎，智財服務業者在臺灣上市櫃可行性與規劃之研究（Doctoral dissertation, 陳裕禎），2013。

智慧財產局，IP最新動態－新加坡公佈新一波智慧財產戰略，2021，https://www.tipo.gov.tw/tw/cp-98-891132-347e6-1.html。

新加坡，新加坡2017年國家戰略報告，2017。

楊清田、鄭淳恭、黃睿友、陳琪玲、莊婷琪編著（2020），《設計概論全一冊》，臺北：全華圖書。

經濟部facebook，2016年3月4日，https://www.facebook.com/watch/?v=1142891765750998。

經濟部智慧財產局專利主題網，2022年10月7日查詢，https://topic.tipo.gov.tw/patents-tw/cp-783-872389-d5ad9-101.html。

經濟部智慧財產局專利商品化教育宣導網／首頁／公告資訊／國際動態報導，2022年10月7日查詢，https://pcm.tipo.gov.tw/PCM2010/PCM/news2_detail.aspx?id=327。

蕭湘文（2005），《廣告傳播》，臺北：威仕曼出版社。

盧俊偉，臺灣文創產業的成長陷阱，獨立評論，2016，https://opinion.cw.com.tw/blog/profile/388/article/4829。

謝金河，台灣有超過500家百年企業　老謝：「它們」都是老牌但沒上市，今周刊，2019年11月14日，https://www.businesstoday.com.tw/article/category/80392/post/201911140010/。

國家圖書館出版品預行編目(CIP)資料

創新、創意與創業/陳裕禎, 蔡奇睿, 陳姸竹著.
－－初版.－－臺北市：五南圖書出版股份有
限公司, 2023.06
　面；　公分
ISBN 978-626-366-166-0(平裝)
1.CST: 成功法 2.CST: 創意 3.CST: 創業
177.2　　　　　　　　　　112008544

1FAL

創新、創意與創業

作　　　　者	─ 陳裕禎、蔡奇睿、陳姸竹
發 行 人	─ 楊榮川
總 經 理	─ 楊士清
總 編 輯	─ 楊秀麗
主　　　　編	─ 侯家嵐
責 任 編 輯	─ 吳瑀芳
文 字 校 對	─ 張淑端
封 面 設 計	─ 姚孝慈
排 版 設 計	─ 張淑貞
出 版 者	─ 五南圖書出版股份有限公司

地　　　　址：106臺北市大安區和平東路二段339號

電　　　　話：(02)2705-5066　　傳　　真：(02)2706-

網　　　　址：https://www.wunan.com.tw

電 子 郵 件：wunan@wunan.com.tw

劃 撥 帳 號：01068953

戶　　　　名：五南圖書出版股份有限公司

法 律 顧 問：林勝安律師

出 版 日 期：2023年6月初版一刷

定　　　　價：新臺幣350元

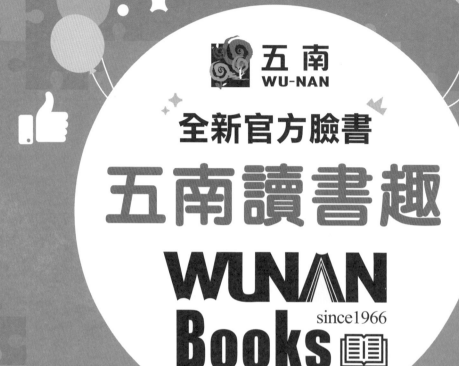

經典永恆・名著常在

五十週年的獻禮 —— 經典名著文庫

五南，五十年了，半個世紀，人生旅程的一大半，走過來了。
思索著，邁向百年的未來歷程，能為知識界、文化學術界作些什麼？
在速食文化的生態下，有什麼值得讓人雋永品味的？

歷代經典・當今名著，經過時間的洗禮，千錘百鍊，流傳至今，光芒耀人；
不僅使我們能領悟前人的智慧，同時也增深加廣我們思考的深度與視野。
我們決心投入巨資，有計畫的系統梳選，成立「經典名著文庫」，
希望收入古今中外思想性的、充滿睿智與獨見的經典、名著。
這是一項理想性的、永續性的巨大出版工程。
不在意讀者的眾寡，只考慮它的學術價值，力求完整展現先哲思想的軌跡；
為知識界開啟一片智慧之窗，營造一座百花綻放的世界文明公園，
任君遨遊、取菁吸蜜、嘉惠學子！